KANTU ZOUTIANXIA CONGSHU

Zoujin Shijie Zhuming Lingmu

走进世界著名
陵墓

本丛书编委会 编

U0735817

看图走天下丛书

世界图书出版公司
WPC
广州·北京·上海·西安

图书在版编目（CIP）数据

走进世界著名陵墓／《看图走天下丛书》编委会编
著．—广州：广东世界图书出版公司，2009．12（2024.2 重印）
（看图走天下丛书）
ISBN 978－7－5100－1429－1

Ⅰ．①走… Ⅱ．①看… Ⅲ．①陵墓－简介－世界－青
少年读物 Ⅳ．①K917－49

中国版本图书馆 CIP 数据核字（2009）第 218009 号

书　　名	走进世界著名陵墓	
	ZOUJIN SHIJIE ZHUMING LINGMU	
编　　者	《看图走天下丛书》编委会	
责任编辑	鲁名琰	
装帧设计	三棵树设计工作组	
出版发行	世界图书出版有限公司　世界图书出版广东有限公司	
地　　址	广州市海珠区新港西路大江冲 25 号	
邮　　编	510300	
电　　话	020-84452179	
网　　址	http://www.gdst.com.cn	
邮　　箱	wpc_gdst@163.com	
经　　销	新华书店	
印　　刷	唐山富达印务有限公司	
开　　本	787mm×1092mm　1/16	
印　　张	10	
字　　数	120 千字	
版　　次	2009 年 12 月第 1 版　2024 年 2 月第 12 次印刷	
国际书号	ISBN　978-7-5100-1429-1	
定　　价	48.00 元	

前　言

　　陵墓,狭义言之,是指用石头或其他耐久的材料修建而成的帝王、领袖、名流的坟地;广而言之,泛指各种类型的墓葬、陵园。古往今来,最负盛名的陵墓往往是为帝王、领袖或其他圣贤名流兴建的雄伟建筑。

　　"世界七大奇迹"之首的古埃及金字塔亘古即存、万世不灭的不朽气质,给世人留下了许多感慨和猜测,更留下了神话般的传说。

　　我国的秦始皇陵无论是陵冢的高度、陵园规模,甚至地宫的豪侈程度,都堪称世界陵墓的翘楚,空前绝后,被誉为"世界八大奇迹"。清东陵集我国古代建筑之大成,其体系完整,布局严谨,规模宏大,整齐划一。内有帝陵5座、皇后陵4座、妃嫔陵5座。清西陵内的千余间宫殿建筑和百余座古建筑、古雕刻,气势磅礴,充分反映出了我国古代建筑艺术发展的高度水平和民族风格的优良传统,在世界上占有重要地位。

　　印度的桑奇窣堵波吸收了波斯、希腊的建筑及雕刻艺术,装饰繁缛富丽。整体建筑完整统一,雄浑古朴,庞大的规模加上砖石砌体的不可动摇的稳定感和厚重感,使整个建筑具有很强的纪念性;而轮廓复杂、雕刻精巧的栏杆和牌坊,与其身后简洁、粗犷的半球体圆冢形成强烈的对比,更加烘托出陵墓的庄严与肃穆。

　　法国的先贤祠的设计非常大胆,柱细墙薄,加上上部巨大的采光窗和雕饰精美的柱头,使室内空间显得非常轻快优雅。地下室名人祠墓林立,构成了法国大革命前后在历史天空里的一个庞大璀璨的星系。

　　本书范围涉及古今中外，为便于读者全面了解，在着重介绍陵墓本身的情况时，也注意涉及历史、考古、地理、宗教、建筑、文艺等各个方面，并结合陵墓主人的事迹及和陵墓有关的史实、传说、神话以及轶闻等等穿插记叙，以期能激起读者的丰富想像和审美冲动。

目　录

古埃及金字塔 （埃及）

1789 年 7 月 21 日，拿破仑率领他的远征军来到了埃及。当他在开罗遭遇到埃及统治者毛拉德本人指挥的阻拦时，面对着穆斯林的弯刀，这位科西嘉的小个子指着金字塔向他的"欧洲刺刀们"发了话。他说："4000 年的历史在蔑视你们！"

显然，拿破仑对埃及怀有无比的敬意和深刻的理解。金字塔，这些矗立在荒漠中的枯寂而冰冷的巨大石头堆，的确代表着埃及那曾盛极一时而又被人遗忘的历史，代表着远在没有伊斯兰教之前就早已死去的世界。作为古代"世界七大奇迹"中唯一的幸存者，它们沉默而高傲地永

金字塔

远屹立，令人崇敬。甚至骄傲如古罗马人，在古埃及人的这些杰作面前，也不得不承认自己的能力是微不足道而又短暂的。

众所周知，金字塔是古埃及法老（Pharoah，意为"宫殿"，借指国王）的巨大陵墓。在中美洲的原始森林里也有类似的古建筑，但它们是庙宇，而非陵墓。埃及的法老们为什么要用这些耸立在苍穹之下的石头来做自己死后的栖身之所呢？

原来，古埃及人的宗教信仰使他们相信：人的肉体死亡以后，灵魂是永存的。死后的前程十分远大，但首要的一点是必须妥善保管遗体，保证它万无一失，让那自由飘荡的灵魂有家可归并能找到回家的路。他们对死后的世界是如此地深信不疑，无怪有人说埃及人的生活就是走向死亡的历程。死后永生的信念导致了两件事情的发生：一是干尸即木乃伊的制作；一是坚固宏伟的坟墓的修建。在后者上面体现的追求稳固坚实之风到金字塔达到了极巅，埃及人也从而成为世界上最伟大的建筑者。

另外，金字塔的建造也同古王国时期（约公元前 2686 年～前 2181 年，第三至第六王朝）加强王权神化的思想有关（金字塔的黄金时代也正是在古王国时期）。国王死后将成为太阳神（拉神）的思想使金字塔从最初的凳子形（马斯塔巴）演变成国王可以由此登天的阶梯形，最后成为尖锥形——因为它更能体现升天入云的气势，而且从远处看，菱形的塔身就像太阳的光芒。尖锥形塔是金字塔的完整体制，也是我们今天通常所说的金字塔。因为它的底边是方形，立面是三角形，与中文的"金"字相似，所以中国习惯称之为"金字塔"。

金字塔这种石陵，内有墓室。因为国王死后仍旧是国王，他在阴间的生活所需要的一切一定要与他生前的地位相称，所以墓室里藏满了无价珍宝。塔前有祭庙、通道、船壕和围墙等附属建筑，围绕金字塔还有后妃、王子及大臣的坟墓，形成一组规模宏大的陵墓建筑群。

埃及境内迄今留存下来的金字塔和金字塔遗址大约有 80 处。其中最为著名的是胡夫、哈夫拉和曼考拉三代法老在开罗以南 10 多千米处的吉萨修建的 3 座金字塔。其中又以胡夫金字塔最为高大雄伟。

　　胡夫金字塔也称大金字塔，是埃及金字塔的登峰造极之作，用花岗石砌成。大金字塔原高 146 米，经数千年风雨侵蚀，现高 137 米；原塔基每边长 230 米，现长 227 米，占地 5.29 万平方米。在世界历史上，它保持作为最高建筑物的历史达 4500 年之久，直到 19 世纪末才被艾菲尔铁塔超过。它的庞大的体积所需用的石料之多是空前绝后的。据估计，建成此塔共用了 230 万块石料，平均每块重 2.5 吨，最大的一块重达 16 吨。这庞大的工程所达到的准确度之高也令人吃惊：巨大的金字塔的边长和角度的误差"不超过一个人的大拇指；石块的拼装紧密，至今石缝里一根针、一根头发也插不进去"。

　　大金字塔的内部构造比较复杂。塔的入口位于塔身北侧中心，高出地面约 18 米。塔中心地下 30 米处，是一被废弃的地下墓室。沿着入口处不远的一条上行的狭窄甬道，可到达第二个被废弃的墓室。沿此甬道再上行，走过一条高达 8 米的大长廊，再经过一小室，就是国王墓室。这里安放着胡夫的红色花岗岩石棺，不过，里边的木乃伊早在古代就被起义的人民抛出墓外了。国王墓室长 10.5 米，宽 5.2 米，高约 5.8 米；入口处有一 50 吨重的石闸门作为保护；屋顶用一块重达 400 吨的大石板覆盖。由于墓室离地面已有 40 米高，顶盖承受重压极大，所以上面又连续用同样的石板筑成 5 层空间结构，这种 5 倍安全系数让现代建筑师们赞不绝口。当然也有吹毛求疵的人对此提出批评，因为在现在看来，只需一层就够了。

　　哈夫拉（胡夫之子）的金字塔位置居中，高 143.5 米，底边长 215.5 米。由于其地势较高，看上去比胡夫金字塔还要高一点。其艺术风格的庄严与工程设计的精确均可与大金字塔媲美，并且以宏伟壮观的附属建筑见长。那著名的狮身人面像就匍匐在其河谷边祭庙的西北方。

　　哈夫拉的继承者——曼考拉的金字塔位于南端，高仅 66.5 米，底边各长 108.5 米。体积虽小，装修却十分精美。

狮身人面像

　　这三座金字塔体形简洁、稳重，尖锥直刺云端，在长空烈日下对角相接，参差映衬，强烈地传达出亘古即存、万世不灭的不朽气质。人们通常把它们称作"吉萨大金字塔群"。所谓的"世界七大奇迹"之首的埃及金字塔，就是指此而言。

　　在科技突飞猛进的 19 世纪，西方的技术人员根本不相信在没有机器、滑轮、卷扬机和吊车的古代能造出如此庞大的建筑物。然而考古学家们在一座公元前 2000 年左右的法老墓里发现的一幅画，足以证明古埃及人的确干成了这件不可思议的工作。他们用的是最简单、最笨拙的装置，但他们那无与伦比的耐心和技艺却使拥有机械装置的现代人不得不甘拜下风。法老们追求万世不朽的欲望给人民造成了异常深重的苦难。少数人的长期骄奢必然导致长期挨饿的多数人的反抗。金字塔的墓葬多次被起义人民破坏，盗墓业也日益发达。到第十八王朝初年，整个埃及已没有一座王陵是完整的了。

　　围绕伟大的金字塔，有许多神奇的传说和猜测，直到今天仍然不断，金字塔的神奇魅力可见一斑。

哈特谢普苏特墓（埃及）

崇信太阳神的古埃及人按照太阳东升西落的规律兴建了城池：东岸是活人居住的城池，宫殿如云，庙宇森列，十分繁华；西岸的远处则是阴间冥府之地，陵寝遍布，珍宝深积，暮霭沉沉（古埃及著名的金字塔都在西岸）。

新王国时期（公元前1567年～前1085年，第十八、十九、二十王朝），首都底比斯的西岸一带被开辟为古代最大的一个墓葬区。长达数十里的地带内，满布着数以千百计的古墓；在尼罗河各地边缘的山崖与河岸之间，耸峙着法老们的巍峨祭庙，他们的墓室则深藏于著名的帝王谷中。由于古埃及人厚葬的习俗，这个位于西岸的亡灵城的富丽堂皇要远胜于东岸的底比斯都城，留下的遗迹也远较东岸为多，其中尤以法老的祭庙最为壮丽。而新王国时期所有的祭庙建筑中，最有特色也最为美观的则当推哈特谢普苏特的祭庙。

祭庙是做什么用的呢？根据古埃及人的宗教信仰，人的灵魂不灭，肉体死亡之后的世界是一种迥异于凡间的伟大天地。但是想要获准在那里定居，首先要保证遗体万无一失，其次必须得到天神在世界最终判决书中的批准，要懂得一套秘密的礼仪，而且死后要带走一批与生前地位相称的财富。祭庙是用以进行对法老来世的荣华富贵极其重要之仪式的寺庙，当然它还要为法老祭献供奉一日三餐。在金字塔的黄金时代，法老的木乃伊和随葬品都藏在巨大的金字塔内，与塔连通的祭庙，则是前

哈特谢普苏特墓残存

者的附属建筑。然而愤怒的人民的起义和盗墓者的猖獗，迫使后世法老不得不重新考虑这种布局。从中王国（约公元前 2181 年～前 2040 年，第七至第十王朝）开始，金字塔就只具象征意义了，真正存放木乃伊的墓室则凿建在隐蔽的山崖深处，不过，那时的墓室和祭庙还没有截然分开。第十一王朝法老孟特霍特普二世建于尼罗河西岸的一座异形金字塔庙，可说是这种变化的开端。日后各代法老虽然没有仿照这种形制，却使金字塔不再成为法老陵墓的主体，而山崖中的墓室和河谷边的祭庙却日益重要。

　　古埃及墓葬形式的巨大变化始于新王国的图特摩斯一世——哈特谢普苏特之父。他怀着极大的勇气，经过慎重的利弊权衡之后，把自己的墓室同祭庙分开，二者相距近 1.6 千米。这种大胆的措施对他的灵魂极为不利，甚至也给自己死后的永生带来了威胁，因为灵魂要通过在死者的祭庙里按宗教节日举行祭祀才能生存，而且据说灵魂是不离遗体左右的。图特摩斯一世的遗体藏在了远离祭庙的地方，希望以此保证自己不再遭受与前人同样的骚扰。他的率先入驻标志着帝王谷建筑活动时期的开始。

正如图坦卡蒙墓因其完整的墓室出名一样，哈特谢普苏特墓（Hatshepsut's Tomb）也以其宏大壮丽的祭庙而垂名建筑史。

哈特谢普苏特（公元前1489年～前1469年在位）是古埃及王国时期唯一的女法老，也是埃及历史上记载最早的伟大女性之一。她和她的同父异母兄弟、也是她的丈夫图特摩斯二世从公元前1496年起共同执政，直到公元前1490年图特摩斯二世英年早逝。他们二人只有一个女儿涅弗鲁瑞。图特摩斯二世指定其偏房所生儿子（即图特摩斯三世）为继承人时，令其与涅弗鲁瑞成婚。这种王室内部成婚的习惯可以保证王位更加巩固，像图特摩斯二世本人的婚姻就是如此。然而，哈特谢普苏特新寡后不但摄政，而且翌年为自己加冕，声称自己拥有所有的权力与国王的头衔。为了使她的王位名正言顺，掌权之后，她在祭庙的墙壁上仔细记录并描绘了她"从神所生"，并且在壁画中，画出了她是由父王——图特摩斯一世加冕为王。这位以"阿蒙——拉神之女"的名义进行统治的杰出女性"使埃及向她低了头"。她的长期执政，使埃及获得了一段和平与繁荣的时期。许多伟大的建筑在她的时代耸立起来：她修复了很多

法老石雕像

被希克索斯人破坏了的建筑，并在卡尔纳克神庙立起了两座高达 30 米的方尖碑。不过，其中最伟大的建筑则非她的祭庙莫属。

哈特谢普苏特祭庙由女法老宠信的公共事务大臣森马特设计。在它的南侧是孟特霍特普二世墓（约建于公元前 2050 年～前 2010 年），该墓开始摒弃金字塔单纯、原始的艺术构思，一方面另建墓室于别处，一方面把金字塔置于双层的外沿围绕柱廊的土台上，塔身变得很小，有如柱廊中央的屋顶。这种塔庙合一的建筑甚为独特美观，给了哈特谢普苏特祭庙很好的启发。后者的造型虽然部分参考了前者，但它则完全淘汰了金字塔的造型，并且放弃了传统的神庙布局，而完全按照山崖台地景观的需要来从事设计和建造，使整体布局更加宏大开阔，与周围环境的结合也更为密切。

这座祭庙建在半圆状的梯形峭壁中，背依山岩峭壁，巧妙地利用了断崖伸出的宽阔平台来建造主体建筑。整个建筑设计成迭升的台阶柱廊，有明确的纵深轴线，用平缓的坡道贯穿层叠的柱廊。最上层柱廊后面是殿堂本部，内殿则凿于山崖之中。

正面柱廊简单的方柱形，简洁明快。第一层平台上的侧廊采用刻有凹槽的圆柱，形制优美；第二层平台上的柱廊则采用国王祭庙特有的奥西里斯柱，每支立柱前安放一尊身着奥西里斯式服装的女王像。这些柱廊比例协调，庄严而不沉闷，外观色调清亮纯净，与作为背景的悬崖互相呼应。

这座祭庙的装饰非常精美。各种廊庑的墙面上都有华丽的彩绘壁画和浮雕。一些浮雕描述了女王神圣的诞生和她统治期间的大事，包括派遣贸易船队远征朋特（今索马里海岸）、搬运碑石到卡尔纳克神庙，以及一些宗教活动。

哈特谢普苏特祭庙因成功地利用了天然地形和与周围环境的和谐统一，从而被认为是古代建筑中和自然景观结合得最好的杰作之一。其对传统的突破，充分表露了埃及艺术家创新的才能，而这在君主专制的制度下是非常难能可贵而且也难得一见的。

图坦卡蒙墓（埃及）

　　豪华醒目的金字塔从建成之日起就日益成为吸引盗贼的磁石，以及人民发泄他们正当的愤怒的场所，使建筑者们的真正意图全盘落空。埃及法老们心惊肉跳之余，终于想出了一个法子：把墓室和祭庙截然分开，后者依然留在城市，前者则修到穷乡僻壤之中。尽管这对法老的亡灵非常不便，因为它不得不每天几次赶远路到庙里就餐，然后再赶回墓室安息，未免太辛苦了些。但为了使自己的墓室不再受到骚扰，别无选择的法老只好痛下决心。所以，从新王国时期（公元前1567年～前1085年，第十八、十九、二十王朝）开始，法老们在首都底比斯坐落的河对岸，即亡灵城里，建起了自己的祭庙；而在尼罗河西岸的一个荒凉的小山谷里，凿岩成墓。新王国时期的62位法老的墓室都藏在这个小山谷里，于是，这儿有了"帝王谷"的名称。这些墓室分布在山谷两旁，依势开凿，类似中国的窑洞，但经历数千年的变迁也不倒塌；墓穴之上也不像中国的帝陵外加封树，而是用乱石堵住洞口，外面不留痕迹，并立许多假墓以迷惑盗墓人。饶是如此煞费苦心，法老们仍不能如愿安息。因为他们陪葬的巨大财富是盗墓贼担当一切风险、付出一切辛苦的最诱人的报酬。帝王谷不可避免地成为帝王和盗贼的家乡。不过在这被认为是已经掘遍了的帝王谷里面，却还藏着一个幸运儿，那就是第十八王朝法老图坦卡蒙的墓室。它是迄今发现的唯一未被洗劫一空的古埃及王陵。

　　1922年，英国考古学家霍华德·卡特——弗林德斯·比特里的入门弟子发现并发掘了这座墓室。原来图坦卡蒙墓（Tutenkhamon's Tomb）就藏在一些破败的石棚（大概是当年修建第二十王朝拉美西斯六世墓室的工人的临时住处）下面，入口距拉美西斯六世的墓不到4米远。1933年发掘完毕。这是当时考古界的一件惊人大事。

　　这座墓室规模不大，形式也比较简易。主体由甬道、前厅、棺椁室、耳室和库房组成。甬道长达120米，各室中以前厅为最大，面积为8.5米×4米。墓室内有图案鲜明、色彩繁复的壁画，内容以宗教活动和埋葬场面为主。画面庄重精审，手法成熟稳健，代表着埃及古代艺术繁荣阶段的高水平。其实，这座幸运的墓室也并非原封不动，盗贼曾不止一次地光顾过它，但都被守墓官员赶跑了，所以大部分的随葬品剩了下来。这些数以千计的随葬品布满了除棺椁室外的其他各室，有家具、雕像、武器、王杖、包金战车等，豪华精致、美不胜收。尤其是那张木制金银贴面的狮腿宝座，被卡特认为是"迄今为止埃及出土的最美丽的文物"。这些随葬品曾在开罗博物馆中展出。

　　真正原封未动的，是整个陵寝的关键部分——棺椁室。它的金碧辉煌使第一个看见它的人瞠目结舌。首先是几乎塞满整个房间的4层木制圣柜（或称外椁），圣柜通体用黄金覆盖，四面镶着鲜艳的蓝釉饰板，上面是各种旨在保护死者的宗教象征图形。外椁内是整块黄色石英岩雕成的内椁，长2.75米，宽1.5米，高1.5米。内椁的盖是用重达1.25吨的玫瑰色花岗石制成的，大概是当年工匠们把原盖跌碎后的替代品。石棺周围浮雕的女神伸开双臂和双翅托住棺脚，似乎预防有人侵犯。庞大的石棺盖下，尚有三重人形棺。最外层是贴金木棺，如初出熔炉的黄金一样耀眼。棺盖上是国王的金像，像的头和双手铸成立体的，身体则采用浮雕的手法。法老的双手交叉在胸前，手里握着用蓝釉镶嵌的曲杖和连枷——它们是王权的象征。法老的脸用纯金铸成，眼睛用的是阿拉贡白石和黑曜石，眉毛和眼圈用的是透明蓝玉，表情严峻淡漠，面容栩

图坦卡蒙墓壁画

栩如生。法老的前额上镶嵌着艳丽的"眼镜蛇"和"兀鹰"——上埃及和下埃及的图徽。这两样东西上套着一个小小的花环，这是法老死后，那年轻的寡后献给亡夫的。这富有朴素的人情味的小花环，使卡特感触良多。他说："尽管这里一片金光闪闪，举目是皇家的豪华，但什么也没有这几朵枯萎的花美丽。花虽枯萎，却还能辨出颜色。这些花告诉我们，3300年不过像是从昨天到明天这样短暂的一瞬。"

第二层棺也是贴金木棺，棺盖上法老的金像身穿礼服，周身是阴府之神奥西里斯神式的华丽装饰。

最内层棺豪华惊人，竟是由整块的纯金片打制而成，长1.85米，厚2.5～3.5毫米，重达6千克以上，为古代黄金工艺品中所仅见。棺盖下，就是图坦卡蒙这位盛装长眠的法老。在卡特开启棺盖之前，整整

3300 年的时间里，他既未被生人的眼睛看见过，也未被生人的手触碰过。他被黄金和珠宝层层包裹着，纯金的面罩下，是一个有文化、有教养、安详的青年的面孔，医生断定这是一位 18 岁的法老。

关于这位年轻的法老我们知道，他大约公元前 1361 年～前 1352 年在位，是阿蒙霍特普四世（约公元前 1379 年～前 1362 年在位）的女婿。他这位岳父大人与其说是一个法老，不如说他是一个沉湎于宗教幻想的诗人。在阿蒙霍特普四世当政之际，王权与阿蒙神庙的矛盾已经明确，于是他以宗教改革的方式来打击阿蒙神庙，提倡只崇拜太阳神——阿顿神的新教，所以后人称他为"异教国王"。他为此改掉了自己原带有"阿蒙"的名字，立新名曰"埃赫那顿"，意为"阿顿之光"。埃赫那顿膝下无子，只有二女。大女儿和女婿在他驾崩前就死于底比斯，死因不明，很可能是遭到暗害。埃赫那顿本人也险遭暗害。最后，年仅 9 岁的二女婿图坦卡顿作了继位法老。这个还不懂事的孩子登基以后，在其辅佐者的授意下，很快就把这场声威浩大的改革葬送了，并且又把名字由图坦卡顿改为图坦卡蒙。他在位仅 9 年即告夭亡，大概也是出于某种政治暗害。这位青年的政绩如何现在一无所知，但只活了 18 年的国王大约不会有什么重大的成就。卡特说，就我们所知，图坦卡蒙一生唯一出色的成绩就是他死了并且被埋葬了。这话是有道理的。

然而，这样一个微不足道的人物的葬仪已是如此豪华，那么埃及昌盛时期的伟大法老的殡葬之奢侈就真是难以想象、难以形容了，而他们对人民剥削、压迫、驱使之酷烈也自是难以言表。

黄帝陵（中国）

　　黄帝陵相传是中华民族的始祖轩辕黄帝的陵园，位于陕西黄陵县城北的桥山顶上。

　　黄帝陵，山体浑厚，气势雄伟，山下有沮水环绕。山上有 8 万多棵千年古柏，四季常青，郁郁葱葱。轩辕黄帝的陵冢就深藏在桥山巅的古柏中。

　　陵墓封土高 36 米，周长 48 米，环冢砌以青砖花墙，陵前有明嘉靖十五年碑刻"桥山龙驭"，意为黄帝"驭龙升天"之处。在前为一祭亭，歇山顶，飞檐起翘，气宇轩昂。

　　亭内立有郭沫若手书"黄帝陵"碑石。陵园区周围设置红墙围护，东南侧面为棂星门，两侧有仿制的汉代石阙。陵园区内地铺着砖。显得古朴典雅。

　　陵前正南，陵园围墙以外是土筑高台，即"汉武仙台"。《史记·封禅书》载："汉武帝北巡朔方，勒兵十余万还祭黄帝冢桥山。"汉武仙台，即汉武帝祭祀黄帝所筑，台高 20 余米，现已用块石砌筑并建有登台石阶及云板、护栏等。

　　黄帝庙前区气势恢宏，面积约 1 万平方米的入口广场的地面，选用 5000 块大型河卵石铺砌，象征中华民族的五千年文明史。

　　广场北端为轩辕桥，宽 8.6 米、长 66 米、高 6.15 米，全桥共 9 跨。石梁 121 根，桥面设护栏。栏板上均雕有古典图案花纹。全桥均采

黄帝陵内景

用花岗石料砌成。显得粗犷古朴。轩辕桥下及其左右水面为印池，占地约20余公顷。蓄水量可达46万平方米。桥山古柏，倒映池中，与白云蓝天交相辉映，为黄帝陵平添了无限灵气。印池四周绿树成荫，形成优美的空间环境。

轩辕桥北端为龙尾道，共设95级台阶，象征黄帝"九五之尊"至高无上的寓意。由龙尾道向上即登临庙院山门。山门为五间廊庑式花岗岩（仿汉代木）建筑，显得格外庄严雄伟。

入庙院山门。首先映入眼帘的是轩辕手植柏。传为轩辕黄帝亲手所植。此柏高19米，树干下围10米，中围6米，上围2米，遒枝苍劲，柏叶青翠。

再北为诚心亭，面阔5间，进深1间。祭祀官员至此须整饬衣冠，静心净面，方可进入大殿祭祀。再北为碑亭，面阔5间，进深1间，卷棚顶。亭内立有毛泽东手迹"祭黄帝陵文"和蒋介石手迹"黄帝陵"碑石。

　　侧有一高大古柏，即"汉武挂甲柏"，枝叶茂盛。轩辕庙正殿面阔7间，进深3间，歇山顶，门楣匾额"人文初祖"，系国民党元老程潜手迹。殿内正中木质壁龛内嵌浮雕轩辕黄帝石像。碑亭东为碑廊，其中有历代碑石40余通，其中有宋仁宗嘉祐六年（公元1061年）奉旨栽植松柏1413棵记事碑。元泰定二年（公元1371年）禁伐黄帝陵树木圣旨碑，明太祖洪武四年（公元1371年）祭黄帝陵御制祝文碑，清圣祖康熙二十七年（公元1689年）祭黄帝桥陵碑，以及1912年孙中山宣誓就职中华民国临时大总统后派代表团带上他亲自撰写的《祭黄帝陵文》前往桥山致祭轩辕黄帝陵的碑石等。

　　每到清明时节，来自世界各地的炎黄子孙，常到这里拜祭。

　　凡是来黄陵县谒陵拜祖的人，几乎都要到轩辕庙院内看一看黄帝的脚印。这双脚印留在约一米见方的青石上。看的人总爱把自己的双脚，放在黄帝脚印上试一试，用他们的话说，这是"踩着黄帝的脚印前进"。

　　黄帝的这双脚印为什么能保存到今天？这里流传着一个故事。

　　相传黄帝时期，当初没有衣帽，更没有鞋袜，人们不是用树叶遮体，便是以兽皮缠腰。黄帝也和其他的群民一样，腰间缠着兽皮，光着脚板，长年累月奔走各地，为民造福。

　　后来，发明了帽子和木屐，有人给黄帝也做了一双木屐。穿起来虽比光着脚板走路好多了，但行动却有些不便，出外巡察、上山狩猎仍不能穿。

　　有年冬天，黄帝出外回来，脚冻烂了。穿木屐不方便，黄帝身边的一位名叫素雀的女子偷偷用麻布给黄帝缝了个布筒。黄帝在脚上试了试，太短小了。根本穿不上。即使如此，黄帝也不见怪，还表扬了素雀的创造精神。素雀却十分难过，有一次她去河边担水，发现黄帝独自一人从河滩走过，留下了深深的脚印，素雀仔细一看，心里亮了。原来黄

帝的脚特别大，如果按脚印做下去，就不会再小了。于是素雀担完水，取来石刀，在黄帝脚印四周的胶泥上划了四方格，晒干后，捧回家，放在了石板上，然后按尺寸做成了一双软木作底、麻布作帮的高筒靴子。黄帝试穿后，觉得很满意。人类第一双高筒靴子就这样做成了。黄帝十分珍爱这双靴子，平时舍不得穿它，只是遇到节日或开庆功会时才穿上它。

这块刻有黄帝脚印的青石板被移到轩辕庙院内，一直保存到现在。

孔林（中国）

　　孔林属全国重点文物保护单位，本称至圣林，是孔子及其家族的墓地。位于山东省曲阜县城北2千米处，是我国规模最大、持续年代最长、保存最完整的一处氏族墓葬群和人工园林。孔子死后，弟子们把他葬于曲阜城北泗水之上，那时还是"墓而不坟"（无高土隆起）。到了秦汉时期，虽将坟高筑，但仍只有少量的墓地和几家守林人。后来随着孔子地位的日益提高，孔林的规模越来越大。东汉桓帝永寿三年（公元157年），鲁相韩勅修孔墓，在墓前造神门一间，在东南又造斋宿一间，

孔林

以吴初等若干户供孔墓洒扫，当时的孔林"地不过一顷"。到南北朝高齐时，才植树 600 株。宋代宣和年间，又在孔子墓前修造石仪。孔子墓似一隆起的马背，称马鬣封。墓周环以红色垣墙，周长里许。墓前有巨墓篆刻"大成至圣文宣王墓"，是明正统八年（公元 1443 年）黄养正书。墓前的石台，初为汉修，唐时改为泰山运来的封禅石筑砌，清乾隆时又予扩大。

孔林林墙全部用灰砖砌成，高达 3～4 米，长达 7.3 千米，占地 200 公顷，墙中古木参天，茂林幽深，相传孔子的弟子，各以其故乡的树木种植于孔林之内，因而树种极多。林中墓冢累累，碑碣林立，石蚁成群，除孔子、孔鲤、孔伋这祖孙三代墓葬和建筑外，还有孔令贻、孔毓垢、孔闻韶、孔尚任墓等。这里的墓碑除去一批著名的汉代石碑被移入孔庙之外，尚存有李东阳、严嵩、翁方纲、何绍基、康有为等历代大书法家的亲笔题碑，故而孔林又有碑林的美名，堪称书法艺术的宝库。

孔林中神道长达 1000 米，苍桧翠柏，夹道侍立，龙干虬枝，多为宋、元时代所植。林道尽头为"至圣林"木构牌坊，这是孔林的大门。由此往北是二林门，为一座城堡式的建筑，亦称"观楼"。四周筑墙，墙高 4 米，周长达 7000 余米。墙内有一河，即著名的圣水——洙水河。洙水桥北不远处为享殿。是祭孔时摆香坛的地方。殿前有翁仲、望柱、文豹和角端等石像。享殿之后，正中大墓为孔子坟地，墓前有明人黄养正巨碑篆刻"大成至圣文宣王墓"。东边为其子"泗水侯"孔鲤墓；前为其孙"沂国述圣公"孔子思墓。据传此种特殊墓穴布局称之为"携子抱孙"。

孔子墓前东侧有三亭，是宋真宗、清圣祖和清高宗来此祭孔时停留之处，叫作"驻跸亭"。墓南二百米处的亭殿后，有子贡亲手栽植的楷树遗迹和"子贡庐墓处"。

孔林中除孔子墓外，气派较大、墓饰规格也高的，要数第七十二代孙孔宪培妻子的墓——于氏坊。这位于氏夫人原来是乾隆皇帝的女儿，

因当时满汉不通婚，皇帝便将女儿过继给一品大臣于敏中，又以子女名义下嫁给衍圣公，故称于氏坊。

据统计，自汉以来，历代对孔林重修、增修过 13 次，增植树株 5 次，扩充林地 3 次。孔林作为一处氏族墓地，2000 多年来葬埋从未间断。在这里既可考春秋之葬、证秦汉之墓，又可研究我国历代政治、经济、文化的发展和丧葬风俗的演变。1961 年国务院公布为第一批全国重点文物保护单位。1994 年曲阜孔庙、孔林、孔府根据世界文化遗产遴选标准 C（Ⅰ）（Ⅳ）（Ⅵ）入选《世界遗产名录》。

曾侯乙墓（中国）

　　曾侯乙为我国战国初期曾（随）国国君，其墓葬位于湖北随州市擂鼓墩。葬于公元前 433 年或稍后，1978 年发掘。墓坑开凿于红砾岩中，为多边形竖穴墓。南北宽 16.5 米，东西长 21 米。内置木椁，椁外填充木炭及青膏泥，其上为夯土。整个墓葬分作东、中、北、西 4 室。东室置曾侯乙木棺，双重，外棺有青铜框架，内棺外面彩绘门窗及守卫的神兽武士。中室放置随葬的礼乐器。北室放置兵器及车马器等。西室置殉葬人木棺 13 具。墓主 45 岁左右，殉葬者为 13～25 岁的女性。

　　墓中共出土随葬品 15,000 多件。其中曾侯乙编钟一套 65 件，是迄今发现的最完整最大的一套青铜编钟。青铜礼器主要有镬鼎 2 件、升鼎 9 件、饲鼎 9 件、簋 8 件、簠 4 件、大尊缶 1 对、联座壶 1 对、冰鉴 1 对、尊盘 1 套 2 件及盥缶 4 件等。其中尊盘系用先进的失蜡法铸造，表现出战国时期青铜冶铸业所达到的高水平。曾侯乙编钟共 65 枚，其中 1 枚是战国时楚惠王赠送的镈。编钟分 8 组，共分 3 层悬挂在铜、木做成的钟架上。钟架全长 10.79 米，高 2.73 米，由 6 个佩剑的青铜武士和几根圆柱承托着。65 枚编钟的总重量达 3,500 千克，它的重量、体积在编钟中是罕见的。钟上大多刻有铭文，上层 19 枚钟的铭文较少，只标示着音名，中下层 45 枚钟上不仅标着音名，还有较长的乐律铭文，详细地记载着该钟的律名、阶名和变化音名等。刻下这些铭文，便于人们敲击演奏。

　　墓中还出土了编磬、鼓、瑟、笙、排箫等大量乐器，为研究中国古代音乐史提供了珍贵的实物资料。出土的一件漆木衣箱盖上，绘有包括青龙、白虎、北斗图形及二十八宿名称的天文图像，说明中国是世界上最早创立二十八宿体系的国家之一。墓中还出土金盏、金杯、金带钩及长达48厘米的16节龙凤玉挂饰，是曾侯乙生前奢侈生活的具体写照。许多青铜器上有"曾侯乙乍（作持）"之类铭文，为判定墓主身份提供了证据。

　　曾侯乙墓出土的漆器有220多件，是楚墓中年代最早也是最为精彩的，而且品类全，器型大，风格古朴，体现了楚文化的神韵。

　　曾侯乙墓的发现引起国内外的重视，被认为是世界音乐史上的重大发现。

　　20世纪80年代初，湖北省博物馆、中国科学院自然科学史研究所、武汉机械工艺研究所、佛山球墨铸铁研究所、武汉工学院和哈尔滨科技大学等单位上百名科技人员通力协作，采用了激光全息摄影和扫找电镜等现代技术手段，发现我们的祖先早在2400年前就摸索出了铜、锡、铅3种成分的最佳配方，铸钟以获得优美的音色；掌握了钟体大小、钟壁厚薄与音高的严格比例，铸造出不同音高的编制系列；设计了"合瓦式"的独特钟形与复杂的钟腔结构，形成了奇妙的一钟双音和优美的旋律。这套编钟全部音域贯穿五个半八度组，高音、低音明显，中间三个八度，十二个半音齐备。由于有了完备的中间音，所以能在任何一个音上灵活自如地旋宫转调。尤为可贵的是，钟体和附件上，还篆刻有2800多字的错金铭文，记载了先秦时期的乐学理论以及曾国与周、楚、齐等诸侯国的律名和阶名的相互对应关系。这一重大发现，摒弃了所谓"中国的七声音阶是从欧洲传来的、不能旋宫转调"的说法。

　　为了使这套中华乐器史上珍贵的国宝发挥更大作用，科技工作者将曾侯乙编钟进行复制。1983年1月6日～9日，中国音协、中国机械工程学会铸造学会、考古学会的学者专家共80多人，在武汉对复制的编钟进行了鉴定。专家通过聆听和比较原件和复制品每个钟的音色、音高，并交替欣赏原件的录音和复制编钟演奏的《胡笳十八拍》《梅花三弄》《浏阳河》《圣诞夜》等中外乐曲。他们认为复制品确实达到了原件的音响效果，高音区清脆、明亮、悠扬；低音区浑厚、深沉、气势磅礴。其中演奏出的大多数音乐与原件的差异小于正负五音分之内，为一般听众所难辨别。

1978年夏，曾侯乙墓发掘初期，考古人员在墓的中室东北角发现一个盗洞，墓内文物却未被盗走。从盗贼留在洞口的物品分析，盗墓时间约在墓主下葬后300年左右的战国至秦汉这段时间。这一盗洞曾给考古人员带来疑惑，是什么原因使盗墓贼未能得逞？

1978年曾侯乙墓考古发掘工作结束后，根据国家文物局的意见，墓坑必须长期保存。当时在对大型墓坑保护尚无先例的情况下，权宜之计只有回水保护，因我国民间早有"干千年，湿万年"之说。1997年曾侯乙墓墓坑木椁脱水工程课题组在研究墓区水文地质情况时，发现曾侯乙墓墓区岩石和地下1～9米处都含有水。实践表明，这一坑水由于受多种因素的影响而长期呈酸性，木椁表层的腐蚀程度已相当严重，这一情况引起文物部门的高度重视。1998年，国家文物局批准了对曾侯乙墓墓坑进行原地脱水保护方案。当把墓坑中的水抽尽后，墓坑周围渗进墓坑中的水量每昼夜达两三立方米。

考古人员由此破解了曾侯乙墓屡遭盗掘未遂的千年谜团，那就是曾侯乙下葬以后若干年或更长时间，墓坑中开始积水（不排除当时河床较低，地下水较少），当盗墓贼凿开椁木后发现墓坑积水，不敢冒险下去，这才使墓中文物免遭被盗的厄运。

秦始皇陵(中国)

　　西汉文学家刘向说:"自古至今,葬未有盛如始皇者也。"就其所处时代而论,刘向所经历的世面实在不能算多。不过,秦始皇陵却果真如他所言,在中国整个封建时代大大小小的坟丘中拔了头筹,无论是陵冢高度、陵园规模,甚至地宫的豪侈程度,都确确实实地是空前绝后了。

　　如今古墓已成苍岭,气势犹存地盘踞在陕西省临潼县骊山北麓。骊山又名丽山,"其阴多金,其阳多玉",风景优美,素有"绣岭"之称。秦始皇贪慕丽山的美名,故长眠于此,连坟墓都号"骊山"。骊山墓面朝渭水,背依骊山,占地总面积约 63.7 平方千米,规模宏大,气势雄伟,果然有"千古一帝"的风范。

　　骊山墓始建于公元前 227 年,当时秦始皇还未成为始皇帝。他姓嬴名政,是个刚刚继承其父(秦庄襄王)王位的 13 岁的少年君主。从公

坑内兵马俑

元前 230 年～前 221 年，大约 10 年的时间里，嬴政在他先世开创的霸业基础上，兼并六国，结束了中国历史上近 300 年的割据混战局面，建立起中国历史上第一个空前统一的专制主义中央集权的封建国家。志得意满的嬴政自认德兼三皇，功过五帝，自称"皇帝"，又幻想皇权永固，可以二世、三世以至无穷地万代相传，故自称"始皇帝"。

秦始皇是一个有为的封建君主，在他的统治下，大秦王朝迅速发展壮大起来。然而比这速度更快的，则是秦始皇不断膨胀的奢欲。他无休止地役使天下人民，开疆拓土，修建长城，发动大规模的战争。疲病不堪的人民哀号呻吟，他置若罔闻，又大举营造阿房宫，并征发刑徒 70 万人去继续修建骊山墓。这一切既给百姓带来深重的灾难，又大大损耗了秦国的国力，成为秦朝灭亡的祸根。公元前 210 年，秦始皇病死于出巡途中，终年 53 岁，这时骊山墓犹未竣工。

骊山墓作为中国封建时代的第一个皇陵，开创了中国封建社会帝王埋葬规制和陵园布局的先例。从秦始皇陵开始，历代皇陵不仅堆土成冢，而且建筑豪华的陵园和寝殿，这是与君主专制和皇权独尊相适应的。

古人讲"视死如生"。秦始皇陵的规制就是仿照咸阳都城的规制，分内外两城，呈南北狭长的"回"字形。内城周长 2520 米，外城周长 6294 米，城四角设有警卫的角楼。内外城东、西、南、北四面各设城门。陵冢坐落于陵园西南，是完全依靠人工纯净的黄土夯筑而成的四棱台形土丘，有些像埃及金字塔截去上半部分尖锥的样子。陵冢高 120 米，周长 2177 米，上面遍植草本以像山岭。高大的陵冢虽然历经 2000 多年的风雨剥蚀和人为破坏，已降至 76 米，但仍冠历代帝王陵墓之首。

陵冢下据推测是巨大的竖穴式土坑。虽未经发掘，不能知道地宫的真面貌，不过，从《史记》记载还可略知一二，而这已足够令人吃惊的了。至高无上的皇权，极端的专制，无休止的奢欲，对长生不死的妄想和对死亡的恐惧在雄才大略的秦始皇身上奇妙地结合着，使他的行为充满了愚妄和荒诞的色彩。他一面听信齐人徐福"海上有仙山"的鬼话，派他率几千童男童女入海求取不死药；另一方面费尽心力为自己造陵墓。他把自己在人间的享受尽数搬到了地宫。地宫就是咸阳宫在地下的缩影。它掘地极深，用纹石砌筑，以堵绝地下的泉流，并涂上"丹漆"以防潮；东西南北四面有结构宏大、布局奇特的墓道相通。椁室灌入铜液，可谓固若金汤。地宫内部构造极为复杂、陈设更尽侈丽。里面建有豪华的宫殿，设有百官的牌位，奇珍异宝不可胜数。墓室顶部排列着日月星辰的图形，底部灌注水银象征江河大海。机械转动，这九泉之下的银河就能流动；还有黄金制成的大雁与野鸭翔空弋水，又有人鱼脂肪做成的蜡烛，可以长明不熄。这一切都强烈地昭示着"长生"。然而不死药自然没能求来，尽管神勇的始皇帝曾御驾亲征，到海上用连弩射杀了据说阻挡求药行程的大鱼。始皇厌恶说"死"，百官不敢言死，但死亡终究要来。地宫再怎样繁华，再怎样酷似人间，也不能让棺木中的尸骨起死回生了。可怜秦始皇还令工匠特制会自动放箭的弓弩，来保卫这于生命一无用处的坟墓。更可叹他的儿子——秦二世胡亥，将始皇后宫中

坑内兵马俑

未生儿子的嫔妃全部殉葬之后，又将工匠全部活埋在这座大墓的中门和外门之间，以永保地宫的安全。根据近年来的考古材料，地宫仍然完好无损。抛开秦始皇不言，这对于秦代文明的保存和研究来说倒确是一桩幸事。

陵园的中心部分是寝殿，它位于内城的西北部，里面放置死者生前的衣冠，

供灵魂起居之用，这反映了秦始皇死后仍要统治天下，驾驭群臣的痴心妄想。这种富有代表性的永远君临天下的想法以这种方式付诸实践开创了古代帝陵建筑寝殿的先例。从今日的残砖断瓦、土石遗迹尚能想象出当年宫殿建筑的豪华壮观。陵西侧紧靠内城西墙是守陵人和侍奉宫人的住处，此外还有车马坑、马厩坑和珍禽异兽坑，完全是帝王生前的排场。

陵园内还有一条高约 10 米，长 1400 米的排水大堤，以防水患，可见秦始皇陵园设计之周密，真称得上是"千年大计"了。

始皇陵周围陆续出土了大量文物。其中有两乘彩绘铜车马，这是我国考古史上迄今为止发现的时代最早、体形最大、保存最好的铜质车马。铜车马俑大约是真车真马真人的一半，挽具齐全，装饰华丽，造型生动，制作精巧，色彩鲜艳，是极珍贵的青铜艺术品。

最能反映始皇陵豪华和宏伟的还是陵园东门外的兵马俑从葬坑。3座兵马俑坑共出土陶制兵俑上万件，战马 600 余匹，战车 120 余乘，形象地再现了秦始皇威震宇内、削平群雄的强大军容。如今这座地下文物宝库又重见天日，成为秦代陶瓷艺术和金属工艺已达到很高水平的见证，并被称誉为"世界第八奇迹"，这恐怕是始皇当年始料不及的。

更让秦始皇绝对意料不到的是秦始皇陵的开放。这座地下帝国于 1961 年被我国国务院确定为首批全国重点文物保护单位。1987 年 12 月列入世界文化遗产名录。经过修整的秦始皇陵作为中国古代劳动人民智慧和才能的象征，闻名世界，吸引着世界各地的游人来此领略绚丽多姿的秦代文明的风采。

中山靖王刘胜墓（中国）

西汉中山靖王刘胜系汉武帝之兄长，蜀汉皇帝刘备之第十三世先祖，为第一代中山国国王，死后葬于今河北满城县陵山上。

1968 年 8 月 19 日，中国社会科学院考古研究所和河北省文物工作队在河北省满城县完成西汉中山靖王刘胜墓及王后窦绾墓的发掘工作。其墓穴开凿于山岩之中，为规模宏大的崖洞墓，墓室宛如一座豪华宫殿。

刘胜墓全长 51.7 米，窦绾墓全长 49.7 米。两墓形制和结构相似，均分为墓道、甬道、南耳室、北耳室、中室 和后室 6 部分，整个墓室完全是模拟墓主生前所居宫室。墓内出土大量珍贵文物，尤以金缕玉衣、错金博山炉闻名海内外。

刘胜和窦绾均以金缕玉衣作为殓服。刘胜的玉衣由 2498 片玉片组成，所用金丝约 1100 克。窦绾的玉衣由 2160 片玉片组成，所用金丝约 700 克。两墓共出土文物 4200 余件，有铜器、铁器、金银器、玉器、漆器、陶器、丝织品和大型真车马、小型偶车马及五铢钱等。其中最为精美的是铜器，如鎏金银镶嵌乳钉纹壶、鎏金银蟠龙纹壶、错金银鸟篆文壶、错金博山炉、鎏金"长信宫"灯、错金嵌绿松石朱雀衔环杯等，均属汉代青铜工艺之精华。在铁器中，有低碳钢、中碳钢、"百炼钢"制品和固体脱碳钢制器。另外还出土了用于针灸的金、银医针和用于计时的铜漏壶等。

由于这两座墓规模巨大，保存完整，年代明确，并首次出土了完整的金缕玉衣，不仅对研究汉代诸侯贵族的丧葬制度有着重要价值，而且为研究汉代的冶炼、铸造、制玉、漆器、纺织等手工业和工艺美术发展情况提供了重要资料。

中山靖王刘靖墓的发现还有一段很有意思的故事。

河北省满城县有一个小村庄，叫做守陵村。这个地名很是让当地人感到奇怪，为什么叫一个这么古怪的地名呢？

村民们曾经推测，可能是因为在村子旁边不远处有一座山，名曰陵山，村子就在山下，和陵山相互守望，因而得名吧？直到有一天，村子里的居民才彻底搞清楚了"守陵村"这三个字的特殊含义——原来，山上有陵墓，所以叫陵山；而山下最早的第一批居民极有可能就是陵墓的守护者，他们在此地世代繁衍，形成了村落，守陵村也就因此得名。

20世纪60年代末的一天下午，解放军某部官兵正在陵山上修建一个工程。在距山顶大约30米的地方施工时，出现了一个奇怪的现象。

中山靖王刘胜金缕玉衣

炸药爆破后，随着雷鸣声，向山下滚落的石头数量很少。此前却不是这样的——每放完一炮后，随着轰鸣声都会从山上滚下很多石头。战士们觉得很奇怪。过了一会儿，等到完全安静下来后，大家决定去查看一番。当一个战士走到安放炸药的地点时，还没有来得及细细查看，就觉得脚下的地面突然塌陷，随即掉进了一个漆黑的洞里。

据这名战士后来回忆，山洞里一片漆黑，什么也看不清，他只能闻到刺鼻、难闻的气味。当其他战士带着照明工具下到洞里中来营救战友时，借着手电的亮光，看到了眼前的情形让大家惊呆的——洞里面不仅堆满了铁器、青铜器、陶器等物品，还放置着凌乱的木材。

古墓！战士们虽然不是考古专家，但是眼前的一墓使他们很快意识到这是一座墓葬。洞穴里发现的东西肯定就是古墓的陪葬品。

清醒过来的战士们开始探查洞穴，发现里面还有空间，陪葬的器物到处都是。他们简单商量了一下，就随手拿走了几件器物，马上向部队首长做了汇报。部队首长接到战士们的报告后，也立刻认为这座墓葬具有考古价值，不敢怠慢，很快就将书面报告以及战士们带回的几件文物转交给了地方有关部门领导。

经过层层汇报和转交，出土的文物最终被送到专家手中进行鉴定。战士们带回的文物经鉴定后确认，除了有几件镏金的器物底座外，还有一件青铜器上面刻有文字，擦洗后，专家解读为"中山内府"几个字。

我国古代历史上曾经有过几个中山国，一个是大家较为熟知的春秋战国时期的诸侯国，后被赵武灵王所灭；另一个是汉景帝的儿子刘胜封地中山国；还有一个是指古代的琉球国，琉球国亦称为中山国。

这个刻有"中山内府"字样的器物到底是属于哪个"中山国"呢？墓主人又是谁呢？古墓里还会有什么惊人的发现吗？

考古专家在战士们的带领下登上了陵山，对墓葬的周围地形进行了实地考察。看到墓葬前面有水，后面有山，背靠陵山主峰，整个陵山在其后面，造型颇像一把太师椅，正是我国古代传统墓葬文化里所谓的

"风水宝地"。

进入山洞后，发现在地宫南耳室里面有许多战车、坐车以及动物骨骼的遗迹，经辨认，残余的是马匹的骨骼。虽然历经多年，又在地下不见天日，但是车具和马具依然是金光闪闪。随着调查的深入，在地宫里接着发现了北耳室、大厅、后室、前堂等，并找到大量陪葬的青铜器。专家根据这些文物的特征初步判断，这是一座西汉时期的墓葬。

经过初步的调查和分析后，考古专家马上写出了情况报告，并及时向上级领导部门汇报。很快，一个多学科、多部门组成的工作机构成立了，由时任中国科学院院长的郭沫若负责主持发掘工作。

当时已经75岁高龄的郭沫若得知任命后，十分兴奋，便亲自带队赶赴现场考察，指导发掘工作。在他的带领下，各路考古工作者汇聚一起开始了对地宫的正式发掘工作，并且很快取得了一个震惊世界的重大考古发现。

当时，发掘工作进行到地宫后室，遇到了一个很大的麻烦——他们被两扇紧闭的石门挡住了去路。这两扇石门中间被铁水浇灌，没有任何缝隙。考古工作者在想办法打开石门的同时，内心里都充满了期待。多年的经验告诉他们：一般来说，遇到这样封闭较严的障碍，正能说明即将开启的墓室极有可能就是主墓室，在主墓室里往往会蕴藏着惊人的发现。专家们的判断得到了印证。在打开石门进入地宫后室后，在后室右侧一张床上发现了一件"衣服"，"衣服"四周摆满了青铜器和玉器。由于年代久远，"衣服"上面堆满了厚厚的泥污，显得很是破烂不堪。但是，当泥污被擦掉后，这件"衣服"露出的真面目让在场的所有人都感到了震撼！

这件衣服居然是用玉片做的，以金丝连接。

金缕玉衣！传说中的金缕玉衣终于出现了，第一次完整的撩开了它神秘的面纱。

在遥远的西汉时期，王公贵族们十分迷信"玉能寒尸"的说法，希望死后尸体永不腐烂，就命令工匠按照事先设计好的规格对玉片进行打磨、钻孔，再以金丝线联结，做成金缕玉衣。认为死后穿上这件特制的衣服，就可以保持尸身不腐；此外，能享受金缕玉衣还是阶层和特权的象征，是汉代丧葬殓服的最高等级。

金缕玉衣在以前的考古发掘中曾有过发现，但都不完整。这次出土的金缕玉衣，是中国第一次成套、完整的发现。后经清

墓地入口

点，这件玉衣所用玉片的大小和形状，是特意按照人体结构的不同形状而设计的。中山靖王刘靖也因金缕玉衣而扬名世界。

马王堆汉墓（中国）

马王堆汉墓遗址位于湖南长沙市东郊，距市中心 4 千米。因传为楚王马殷的墓地，故名马王堆。三座汉墓中，二号墓的是汉初长沙丞相轪侯利苍，一号墓是利苍妻，三号墓是利苍之子。三座墓中以一号墓规模最大，墓坑南北长 19.5 米，东西宽 17.8 米，深 16 米；2 号墓墓底长 7.25 米，宽 5.95 米；3 号墓墓底长 5.8 米，宽 5.05 米。

现在一、二号墓坑已经填塞，三号墓坑经过整理加固，保存下来，并新建了大跨度的顶棚，供人们参观。

马王堆汉墓的地面上，原有大小相仿的两个土堆，东西并列，底径各约 40 米，顶部圆平，高约 16 米。当地原是一片四五米高的土丘，造墓时先在土丘上挖出墓坑的下半部，再用版筑法夯筑出墓坑的上半部和墓道，入葬后填土夯实，筑起高大的坟丘。3 座墓的墓坑，形式基本相同，都是北侧有墓道的长方形竖穴。

三座墓的墓底和椁室周围，都塞满木炭和白膏泥，然后层层填土，夯实封固。1 号墓填木炭厚 0.4～0.5 米，总重量约达 1 万多斤，分布在木炭层外的白膏泥，厚 1～1.3 米，粘性甚强，渗透性极低，对于密封起决定性作用。1 号墓的白膏泥堆积既厚又匀，封固严密，使深埋地下 10 多米的椁室形成高标准的恒温、恒湿、缺氧、无菌环境，基本排除物理、化学、生物等因素对各种物质的损毁作用，故墓内的多层棺椁、墓主尸体及随葬器物都完好地保存下来。

1号墓女主人棺木

　　1号墓和3号墓的棺椁都保存相当完整，结构大体一致，但规模有一定的差别。1号墓的庞大椁室和4层套棺，采取扣接、套榫和栓钉接合等方法制作而成，约用木材52立方米。椁室用厚重的松木大板构筑，长6.73米，宽4.9米，高2.8米，下置垫木和两层底板，再树4块壁板和4块隔板，便形成居中的棺房和四周的边箱，上部覆盖顶板和两层盖板。4层套棺用梓属木材制作，内壁均髹朱漆，外表则各不相同。外层的黑漆素棺体积最大，长2.95米，宽1.5米，高1.44米，未加其他装饰。第2层为黑地彩绘棺，饰复杂多变的云气纹及形态各异的神怪和禽兽。第3层为朱地彩绘棺，饰龙、虎、朱雀和仙人等祥瑞图案。第4层为直接殓尸的锦饰内棺，盖棺后先横加两道帛束，再满贴以铺绒绣锦为边饰的羽毛贴花锦。3号墓的椁室南边箱多一纵梁。套棺3层，外棺和中棺的外表均髹棕黑色素漆，未加其他装饰，内棺则在加帛束之后满贴以绒圈锦为边饰的绣品。2号墓从残存的痕迹看来，结构和1、3号墓有所不同，椁内置2层棺。

1号汉墓出土的女尸，时逾2100多年，形体完整，全身润泽，部分关节可以活动，软结蒂组织尚有弹性，几乎与新鲜尸体相似。它既不同于木乃伊，又不同于尸腊和泥炭鞣尸。是一具特殊类型的尸体，是防腐学上的奇迹，震惊世界，吸引不少学者、游人观光。女尸经解剖后，躯体和内脏器官均陈列在一间特殊设计的地下室内。

马王堆汉墓的发掘，对我国的历史和科学研究均有巨大价值，其出土文物异常珍贵。从3号墓中出土的帛书《五十二病方》，经考证，比《黄帝内经》（成书于春秋战国时代）可能还要早，书中记载了52种疾病，还提到了100多种疾病的名称，共载方280多个，所用药物计240多个。这是我国现在所能看到的最早的方剂。《五十二病方》的发现，补充了《内经》以前的医学内容，是一份非常珍贵的医学遗产。

马王堆3座汉墓共出土珍贵文物3000多件，绝大多数保存完好。其中500多件各种漆器，制作精致，纹饰华丽，光泽如新。珍贵的是1号墓的大量丝织品，保护完好。品种众多，有绢、绮、罗、纱、锦等。有一件素纱禅衣，轻若烟雾，薄如蝉翼，该衣长1.28米，且有长袖，重量仅49克，织造技巧之高超，真是天工巧夺。出土的帛画，为我国现存最早的描写当时现实生活的大型作品。还有彩俑、乐器、兵器、印章、帛书等珍品。

马王堆汉墓棺木墓葬模型

1号汉墓的彩绘漆棺，

色泽如新，棺面漆绘的流云漫卷，形态诡谲的动物和神怪，体态生动，活灵活现，具有很高的艺术水平。3 号墓出土的 10 多万字的大批帛书，是不可多得的历史文献资料。帛书的内容涉及古代哲学、历史和科学技术许多方面。经整理，共有 28 种书籍，12 万多字。另外还有几册图籍，大部分都是失传的佚书。2 号汉墓出土的地形图，其绘制技术及其所标示的位置与现代地图大体近似，先后在美国、日本、波兰等国展出，所获评价极高，被誉为"惊人的发现"。

汉武帝茂陵（中国）

　　金人赵秉文有诗云："渭水桥边不见人，摩挲高冢卧麒麟。千秋万古功名骨，化作咸阳原上尘。"其诗道出了咸阳原上尘封的厚重历史。穿越时空距离，透过这些陈列着的苍凉陵冢，人们似乎看到咸阳原的荣辱兴衰，听到古陵主人战马的嘶鸣声，读到咸阳古陵文化的精彩篇章。

茂陵外观

　　秦岭北麓的关中平原，西起宝鸡，东至潼关，南北夹于秦岭山地和北山山脉之间，是华夏古代文明发祥地之一。自西而东的渭河，流贯条形的关中平原，故亦称渭河平原。这一带古代属秦国，长约七八百里，所以又有"八百里秦川"之称。西周、秦、汉时代，关中是全国最富饶之地，其财富占全国十分之六。古都西安即坐落于这片平原中部的渭河南岸。沣河、沪河、灞河等8条河流，从秦岭北麓蜿蜒而来，形成"八水绕长安"的景象。属于秦岭山脉的华山、骊山、终南山等巍峨高峻的山峰，罗列市区之南，重峦叠嶂，云蒸霞蔚，构成了美丽的山水风光。

　　位于关中腹地、泾（河）渭（河）之交的咸阳，是西汉皇陵的主要集结地。西汉王朝，凡214年，历经11位皇帝，建陵园11座，有9座位于咸阳原上，其中最为显贵的有五陵，即高祖长陵、惠帝安陵、景帝阳陵、武帝茂陵和昭帝平陵。这五陵当时均建有陵邑管理，故将咸阳原称为"五陵原"。

　　在西汉的11座帝陵中，最大的当数汉武帝茂陵。在中国历史上，如此规模浩大的皇帝陵，只有秦始皇的骊山墓方能与之相比。

　　茂陵位于今陕西省兴平县城东北南位乡的茂陵村，西距兴平县12公里，东距咸阳市15公里。其北面远依九骏山，南面遥屏终南山，东西为横亘百里的"五陵原"。此地原属汉时槐里县之茂乡，故称"茂陵"。它高46.5米，顶端东西长39.25米，南北宽40.60米。据《关中记》载："汉诸陵皆高12丈，方120丈，唯茂陵高14丈，方140丈。"上述与今测量数字基本相符。茂陵总占地面积为56,878.25平方米，封土体积848,592.92立方米。陵园四周呈方形，平顶，上小下大，形如覆斗，显得庄严稳重。

　　公元前139年，茂陵开始营建，至公元前87年竣工，历时53年。《晋书·索绯传》云："汉天子即位一年而为陵，天下贡赋三分之一，一供山庙，一供宾客，一充山陵。"也就是说，汉武帝动用全国赋税总额的三分之一,作为建陵和征集随葬物品的费用。建陵时曾从各地征调建筑工匠、艺术大师3000余人,工程规模之浩大,令人瞠目结舌。

汉武帝的梓宫,是五棺二椁。五层棺木置于墓室后部椁室正中的棺床上。墓室的后半部是一椁室,它有两层,内层以扁平立木叠成"门"形。室南面是缺口。五棺所用木料,是楸、梓和楠木3种木料,质地坚细,均耐潮湿,防腐性强。梓宫的四周,设有四道羡门,并设有便房和黄肠题凑的建筑。便房的作用和目的,是"藏中便坐也"。《汉书·霍光传》曰:"便坐,谓非正寝,在于旁侧可以延宾者也。"简单地说,便房是模仿活人居住和宴飨之所,将其生前认为最珍贵的物品与死者一起殉葬于墓中,以便在幽冥中享用。"黄肠题凑"是"以柏木黄心,致累棺外,故曰黄肠。木料皆内向,故曰题凑。"汉武帝死后,所作的

茂陵前石马

黄肠题凑，表面打磨十分光滑，颇费人工，由长 90 厘米，高宽各 10 厘米的黄肠木 15,880 根，堆叠而成。

公元前 87 年，汉武帝死后，入殡未央宫前殿。据《西京杂记》记载："汉帝皆珠襦玉匣，匣形如铠甲，连以金缕。"梓宫内，武帝口含蝉玉，身着金缕玉匣。"匣上皆镂为蛟龙弯凤鱼麟之像，世谓为蛟龙玉匣。"汉武帝身高体胖，其所穿玉衣形体很大，全长 1.88 米，以大小玉片约 2498 片组成，共用金丝重约 1100 克。

茂陵的地宫内充满了大量的稀世珍宝。《汉书·贡禹传》云："武帝弃天下，霍光专事，妄多藏金钱财物，鸟兽钱鳖牛马虎豹生禽，凡为九十物，尽瘗藏之。"《新唐书·虞世南传》也载道："武帝历年长久，比葬，陵中不复容物。"从以上记载可以看出，因为汉武帝在位年久，又处在经济繁荣的鼎盛时期，所以随葬品很多，除 190 多种随葬品外，连活的牛马、虎豹、鱼鳖、飞禽等，也一并从葬。另据记载，康渠国国王赠送汉武帝的玉箱、玉杖，以及汉武帝生前阅读的 30 卷杂经，盛在一个金箱内，也一并埋入陵墓之中。

唐太宗昭陵（中国）

与秦汉时期不同，唐代皇帝的陵寝大部分沿用魏晋和南朝流行的办法：在天然山峰的中部开凿墓室，不起土堆，节省了不少人力物力，而兀峰挺拔、上摩云霄。相形之下，再高大的陵冢，如秦始皇陵气势上也自逊了一筹。开创唐代帝王依山为陵先例的，就是唐太宗李世民的昭陵。

昭陵位于陕西省礼泉县东 22 千米九嵕山的主峰。九嵕山山势突兀，海拔 1888 米；地处泾河之阴，渭河之阳，南隔关中平原，与太白、终南诸峰遥相对峙；东西两侧，层峦起伏，亘及平野。昭陵的玄宫（即墓穴）就凿建于九嵕山南坡的山腰间。陵园方圆 60 千米，就气势之壮观雄伟而言，可以说是空前的了。

昭陵从贞观十年（636 年）长孙皇后死后开始营建，直到贞观二十三年李世民入葬方告完成，历时达 13 年。唐太宗生前曾宣扬俭约薄葬，这不过是怕掘墓之徒眼热光顾，难保骸骨安宁。事实上昭陵建制十分奢华，据文献记载，昭陵玄宫高悬，墓道至墓室深 250 米。墓道前后有五重石门，墓室宏伟富丽，与阳间的宫殿无异。中室为正寝，东西厢房中摆放着石床，床上石函的铁匣里全部是前代的书画，传说其中就有东晋大书法家王羲之手书的《兰亭序》真迹，这是太宗之子高宗谨遵父命陪葬的。墓门外沿山腰还建有许多木构的房舍游殿，供唐太宗的灵魂游乐，里面还有宫人小心侍奉如常（唐太宗是中国历史上最有作为的皇帝

昭陵前神道

之一，然而对这种荒谬事也未能免俗）。由于玄宫前面山势陡峭，来往不便，又顺山旁架设栈道，悬绝百仞，左右盘旋，绕山400米，才到达墓门。后来为了保护陵寝安全，又将栈道全部拆除，与外界隔绝。尽管如此，仍不能免去被盗掘的命运。

昭陵陵山四周围绕垣墙，墙四隅建有角楼。四面墙正中各开一门，南曰"朱雀"，北曰"玄武"，东曰"青龙"，西曰"白虎"。陵园的主要建筑是献殿（上宫）和寝宫（下宫）。献殿位于朱雀门内，正对山陵，是上陵朝拜和举行祭祀活动的场所。寝宫建在陵山墙外的西南角，是供唐太宗灵魂起居的场所，守陵官员和日常侍奉人员也住在这里。时过境迁，当年的这些华丽房舍如今只剩残砖断瓦、衰草黄土了。

昭陵主峰迤逦而南，范围极为广泛，占田约2万公顷，有198座功臣贵戚陪葬墓。这种笼络臣僚的手段乃袭自西汉，而陪葬墓数目之多，却是历代帝王陵寝之冠。这庞大的陪葬墓群呈扇形列置在主陵两侧，益发衬托出昭陵至高无上的气概。陪葬者除了皇族外，大部分是文武功臣，他们是辅助李渊父子统一中国，创设大唐帝国的重要人物，此外，还有些少数民族首领也有幸陪葬。

石刻艺术是昭陵重要的组成部分，也是昭陵更为后世重视的原因之一。唐太宗是史所罕见的明君，在他的治理下，宇内安定，四方顺服，出现了历来为史家所赞颂的"贞观之治"（太宗年号"贞观"）。贞观时，随着生产力的恢复发展，文化艺术也日渐繁荣，故而昭陵石刻，如重要陪葬者的碑碣、六骏浮雕、蕃酋石刻像等技艺精湛，精美非凡，更兼高大雄伟，与高耸的山陵浑然一体，和谐中显出蓬勃昂扬的风貌。

初唐立碑之风盛行，所以碑碣占了陵园石刻的绝大部分，这些碑石汇当时书法之精粹，反映了初唐各书法家的风韵特点以及盛唐书法的艺术风格。

昭陵玄武门外原来列置 14 个少数民族首领的雕像，象征贞观年间诸宾王归顺唐朝，向唐太宗朝圣的情形，是唐太宗时期良好民族关系的写照。这些石像高 2.64 米，座高 1 米，栩栩如生，极为壮观。可惜清乾隆以后大多被毁，现在仅存两座了。

如果把昭陵比作一顶美轮美奂的皇冠，那么昭陵六骏浮雕就是上面最耀眼的一颗宝石。这些浮雕原来置放在玄武门内东西两庑，与历代一些帝陵的一般性的石人石马布局不同，这是唐太宗为了纪念他开国的武功所立。六骏是他当年驰骋战场所骑的 6 匹战马，名字分别为飒露紫、拳毛騧、白蹄乌、特勒骠、青骓和什伐赤。相传六骏诸形出于唐代著名画家阎立本之手，由技艺高超的名匠依照图形一一刻在青石屏上，每件石屏刻一匹马。石屏高约 1.5 米，宽近 2 米，左上角或右上角都有唐太宗自题的四言赞美诗，由唐代大书法家欧阳洵书写，不过，如今字迹已无从辨认了。这一组石刻表现的六骏情态各异，姿态生动，神韵充沛，造型优美雄骏，手法浑厚简洁，饱满圆润，堪称稀世珍品，而唐朝的一代雄风也尽现于此。更绝的是六骏中有四骏身上中箭，鲁迅先生曾称赞说："汉人墓前石兽多半羊、虎、天禄、辟邪，而长安的昭陵上，却刻着带箭的骏马，其手法简直前无古人。"大概由于六骏的战斗经历，再加上石雕艺术的魅力，这组浮雕在民间的传说中充满了神奇的色彩。据说安史之乱时，唐军和安禄山手下将领崔乾祐在潼关展开大战。战斗中，叛军的一队白旗军冲杀悍勇，攻势凌厉，唐军一时难以招架，眼看要败下阵来。突然黄旗招展，不知从何处杀出一队人马冲向白旗军。两个回合的恶战下来，黄旗军杀得贼兵尸横遍野，血流成河，但因寡不敌众，被白旗军团团围在核心，难以突围。就在这危急之时，忽然阴云四起，狂风大作，飞沙走石，转眼间黄旗军踪影全无，惊得叛军呆若木鸡，仓皇倒退了几十里。后来，昭陵的守陵官员奏报朝廷说，潼关大战那天，昭陵前的石人石马个个汗湿欲滴。人们纷纷传说：那队勇猛神奇的黄旗军就是这些石人石马组成的。

19世纪后期，"六骏"中的一匹马曾被欧洲人摹绘成图，收进《世界名马图》里。以后凡各国出版的有关中国的美术书，插图中总少不了"六骏"的英姿。1914年，美国文化侵略分子勾结陕西军阀，把"六骏"全部打碎，并盗去其中的"飒露紫"和"拳毛騧"，现陈列在美国费城大学博物馆。中华人民共和国成立后，其余四骏被复原，被盗之两骏也被复制，存放在陕西省博物馆。

昭陵及其陪葬墓是中国初唐历史文物的集中代表。1961年，国务院公布其为全国重点文物保护单位。现已在陪葬墓中的李勣墓建立了"昭陵博物馆"，昭陵陪葬墓出土的300多件珍贵文物就陈列于馆中，供络绎不绝的游人欣赏。

武则天乾陵（中国）

武则天乾陵位于陕西省乾县县城以北梁山上，在中国历代帝陵中，乾陵是最特殊的一个。乾陵是唐十八陵中最西的一座，规模宏大、气势雄伟，修建于公元 683 年，乾陵依梁山而建，坐北朝南，整个陵园由内外两城组成，四面有门，周长 40 千米，南北轴线长达 4.9 千米。它凿山建穴，规模宏大，收藏丰富。是唐高宗李治与女皇武则天的合葬陵

陵前石像生

墓，为我国历代帝王陵园中唯一的夫妇两帝合葬墓，墓前立有两块高大雄浑的石碑，西面是"述圣记碑"，由武则天撰文、唐中宗书写，8000余字的碑文虽然主要是歌颂唐高宗的功绩，其实也是武则天在借机抬高自己。东面是武则天的"无字碑"，碑由一块巨大的整石雕成，碑头雕有8条互相缠绕的螭首，饰以天云龙纹。根据乾陵建筑对称布局的特点，"无字碑"与"述圣记碑"显然是在高宗去世时由武则天同时主持竖立的，那么，这块"无字碑"自然是武则天预先为自己准备的"功德碑"。令人奇怪的是，当初立这块碑时竟未刻一字。"无字碑"为何无字，千多年来，人们对此有种种说法，归纳起来主要有五种：一说功高德大无须说，二是自知罪孽深重不便说，三是功过是非留给后人说，四是称谓不统一不便说，五是信奉佛教万事皆空不用说。这五种说法都是人们自己的主观臆断，而没有事实依据。

中国政府在1957年，就公布乾陵为"陕西省第一批名胜古迹重点保护单位"。1961年，国务院又公布它为第一批全国重点文物保护单位。40多年来，各级政府不断拨专款进行整个陵园的维护与修葺，到2004年底，共接待国内外游客3800万人次。然而，人们在乾陵司马道下车，看到的只是一座和山体浑然相融的皇家陵园，地宫在哪里？陵寝又在哪里？几乎所有的访客游完之后，都带着一连串的问号怅然而归。人们有理由关注的是，陵墓里究竟都有些什么宝贝？武则天、唐高宗的遗体还能不能见到？会不会出现像湖南马王堆那样的千年女尸？如果就只留下一副尸骨，借用现代化的造形技术复原，能否也让人们重见武则天的真实风采？这其中隐藏的谜团太多了，若能打开，乾陵将会成为世界上最大的最具观赏性的博物馆。

宋太祖永昌陵（中国）

　　永昌陵位于河南巩义市西村乡。这里，四周台地层层，远处是簇簇青山，中间是一片平川。就在这平川上，有一座古代陵墓高高隆起，它就是毛泽东《沁园春·雪》一词中提及的"唐宗宋祖稍逊风骚"的"宋祖"——宋朝开国皇帝赵匡胤的墓地永昌陵。

　　赵匡胤（927年~976年），祖籍涿郡（今河北省涿州市），出身于一个军人世家。父弘殷，后唐时曾任禁军统帅。母杜氏生五子，匡胤排

永昌陵

行第二。后周世宗时，他以军功升任殿前都点检（最高军职）。960年，他通过"陈桥兵变"取得帝位，建立北宋皇朝，时仅33岁。976年猝然死去，年50岁。葬永昌陵。在位17年（960年～976年）。庙号"太祖"，年号：建隆、乾德、开宝。

对于他的死因，历来众说纷纭，主要有以下几种：

一、病死。《宋史》上说，宋太祖死时留下遗诏，遵照母亲杜太后传位给弟弟的遗言，要其弟赵光义继位，并要求光义缩短服丧的3年之期："以日易月"，3天之后就可以上朝处理政事了。

二、烛影斧声。有一个和尚，法号真无，他"善知过去未来"，是赵匡胤的好友。开宝九年的一天，皇帝赵匡胤问他："我寿命还有多少？"真无和尚掐指默算了一阵说："谨防今年十月二十日，那晚如果天气晴朗，保你福寿绵长，不然就有大祸临头。"赵匡胤默记此话。到了那晚，他独坐宫中太清湖畔，细观夜色，只见星光璀璨，和风微至，宁静清幽。赵匡胤暗自欢喜。谁知不久，阴云陡起，狂风怒号，天地骤变，纷飞的雪片夹着雹霰漫天落下，吓得他心惊胆战，赶忙回到宫中，传旨召时任开封尹（京城长官）的弟弟赵光义入寝宫相见。光义来到后，命令后妃、宫女、宦者等侍候的人，一律退往外院。两人酌酒低语，谁也听不到在说什么，只从窗外透过窗纸"遥见烛影下，光义时或避席有不胜状"，又见皇帝手持大斧嘟嘟拄地，大声说："好做！好做！"随后就倒卧床上，"鼻息如雷霆"。光义当晚陪宿屋内。天将黎明时，万籁俱寂，忽听有人报说："皇帝晏驾了。"

三、错召赵光义事出有因。赵匡胤死时皇后宋氏在旁，忙派内侍都知（宫中太监首脑）王继隆，传召秦王赵德芳（匡胤第四子）赶快入宫，准备继位。谁知王继隆却去开封府召来了赵光义。宋皇后见不是德芳，惊得半晌说不出话，停了好一阵子，才呼曰："吾母子性命，皆任于官家"。明代著名学者李贽续史至此，批注说："此言胡为乎来哉？"（宋皇后为什么说出这样一句话呢？）。

四、与花蕊夫人有关。据《烬余录》记载，五代时后蜀皇帝孟昶有一宠妃姓费，四川青城人，生得花容月貌，又才艺无双，宫中称她花蕊夫人。964年，宋灭后蜀，俘花蕊夫人至东京开封，送入皇宫。这个美丽的妃子，既精通音律，又擅长诗文，曾模仿王建作宫词百首，传诵一时，所以深得宋太祖宠爱。赵光义也早为花蕊夫人的美丽所倾倒，却无机会接近。开宝九年（976年）赵匡胤病重卧床。赵光义入宫侍候兄长，夜深人静时，他趁赵匡胤昏迷之际走近花蕊挑逗。谁知这时赵匡胤醒来，发觉此事，一怒之下，抓起床边的玉斧朝光义掼过去，却砸在地上。听见响声，皇后和太子都赶了过来，见赵匡胤躺倒床上，已奄奄一息了，第二天清晨便死去。

赵匡胤死后，灵柩停放于万岁殿，由皇弟、后妃、皇子、文武大臣每日哭临致祭。

第二年4月，灵柩运往皇陵安葬。护送灵车的官员、卫士、仪仗队伍及皇宫妃嫔人等共3000多人，25日到达陵地。当地传说，到正午下葬时分，忽听"镗唧"！一声，一只白兔飞跳过来，正撞着铜锣。又听"扑嗵"一声，一条大鲤鱼从空中跌落鼓上。这时，东边山上又蹦出一个石人，面向灵柩似在默哀，这些征兆好像表示赵匡胤之死已为上帝所知。于是有人说这是"上天示兆、神人来吊"，因此，后来宋陵的每年祭品，都少不了鲤鱼和全兔。东面的山也改名"石人山"，而"玉兔敲锣鱼打鼓，山上石人奠君主"的说法，就在陵区流传开去。

永昌陵"兆哉"（陵区范围）原占地约4000亩。兆哉没有修建墙垣，只在前后左右遍种松柏花卉，远远望去柏林如织、绿叶如盖，故又名"柏城"。现存永昌陵陵台（坟头）呈覆斗形，底边东西宽60米，南北长62米，残高21米。陵园的原有建筑，现已无一留存，只有鹊台、乳台的基址土堆尚在。至于松柏、枳橘、花草之属，早已荡然无存。陵丘之前，石雕的狮、虎、马、羊、角端以及武士、望柱等还矗立两侧。这些风格浑厚的古代雕刻，在夕阳余晖映照下，显得格外深沉、庄重，使人不由得生出许多怀古之思。

据《宋史》记载，灵台之下二十几米深处建有"皇堂"，即地宫，是皇帝棺木藏放的地方。随葬的物品有玉圭、佩剑、冕、翠衣及种种明器。

盗陵的事早有发生。北宋灭亡后，金朝在中原地区扶植刘豫建立"大齐"傀儡政权，刘豫任命他的儿子刘麟为"河南淘沙官"，对宋陵进行了大肆盗掘。到金朝末年，有个姓朱的盗墓贼，又进入永昌陵。为了取下尸体上的玉

墓前石像生

带，这个人用绳索一端束在尸体肩下，一端紧扎在自己腰间。这样一使劲，就把尸体拉坐起来，他就乘势把玉带解下。谁知这时尸体中黏液之物因挤压而从口中喷出，喷了这个人满头满脸，回去后怎么也洗不掉。后来，这个人就得了一个绰号——朱漆脸。

永昌陵不是帝、后同穴合葬陵。宋太祖结发妻贺氏死于958年，时年30岁，葬在永安陵陵区内。贺氏死后赵匡胤又娶王氏为继，王皇后死于963年，时年22岁，也葬在永安陵陵区内。又立17岁的宋氏为皇后。宋皇后死于977年，时年44岁，葬于永昌陵北边。这时距宋太祖的死已27年。贺、王、宋三位皇后的坟冢早已泯没，无可指寻。

本篇简介

Benpian

Jianjie

中国现存规模最大，地面遗址最完整的帝王陵园。规模宏伟、布局严整，有"神秘的奇迹"和"东方金字塔"美誉。

西夏王陵（中国）

明代诗人云："贺兰山下古冢稠，高下有如浮水沤。道逢古老向我告，云是昔年王与侯……"位于银川西部贺兰山下的神秘的西夏王陵是领略西夏文化、寻古探幽的旅游胜地，它因诱人的魅力和与中原地区迥然不同的西夏文物古迹而具有无限的吸引力。

西夏王陵位于宁夏回族自治区银川市西约 30 千米的贺兰山东麓。是西夏王朝的皇家陵寝。在方圆 53 平方千米的陵区内，分布着 9 座帝陵，253 座陪葬墓，是中国现存规模最大、地面遗址最完整的帝王陵园之一。1988 年被国务院公布为全国重点文物保护单位、国家重点风景名胜区。被世人誉为"神秘的奇迹"和"东方金字塔"。

西夏是 11 世纪初以党项族为主体建立的封建王朝。自 1038 年李元昊在兴庆府（银川市）建国称帝，到 1227 年被蒙古所灭，在历史上存在了 189 年，经历 10 代皇帝。其疆域"东尽黄河，西界玉门，南接萧关，北控大漠，地方万余里"，最鼎盛时期面积约 83 万平方千米，包括今宁夏、甘肃大部，

王陵全貌

内蒙古西部、陕西北部、青海东部、新疆东部及蒙古共和国南部的广大地区。前期与北宋、辽国，中后期与南宋、金鼎足而立，被人形容是"三分天下居其一，雄踞西北两百年"。

西夏王陵内现存 9 座帝陵，为裕陵、嘉陵、泰陵、安陵、献陵、显陵、寿陵、庄陵、康陵，坐北面南，按昭穆（古代宗法制度）宗庙次序（左为昭，右为穆；父曰昭，子曰穆）葬制排列，形成东西两行。有253 座陪葬墓。北端有一处三进院落建筑遗址，为陵邑（或宗庙）。东部边缘有砖瓦窑、石灰窑遗址，为陵区窑坊。

西夏王陵不仅吸收了秦汉以来，特别是唐宋皇陵之所长，同时又受到佛教建筑的影响，使汉族文化、佛教文化与党项民族文化有机地结合在一起，构成了我国陵园建筑中别具一格的形式。西夏王陵规模宏大，布局严整，每座帝陵由阙台、神墙、碑亭、角楼、月城、内城、献殿、灵台等部分组成。

西夏王陵每座帝陵陵园均是一个完整的建筑群体，占地面积在 10万平方米以上，坐北朝南，平地起建。高大的阙台犹如威严的门卫，耸立于陵园最南端。碑亭位于其后，这里曾停放着用西夏文、汉文刻制的歌颂帝王功绩的石碑。碑亭后是月城，南墙居中为门阙，经门阙入月城，这里曾置放有文官、武将的石刻雕像。月城之北是陵城，陵城南神墙居中有门阙，经门阙入陵城。陵台偏处陵城西北，为塔式建筑，八角形，上下各分为五级、七级、九级不等，外部用砖包砌并附有出檐，为砖木瓦结构。陵台是陵园中的主体建筑。在中国古代传统陵园建筑中陵台一般为土冢，起封土作用，位于墓室之上。但西夏陵台建在墓室北10 米处，不具封土作用，其形状呈八边七级、五级、九级塔式，底层略高，往上层层收分，是塔式陵台，为夯土实心砖木混合密檐式结构，且偏离中轴线矗立。这在中国建筑史上无前例，是党项族的创造。塔式陵台前有献殿，用于供奉献物及祭奠。陵台至献殿有一条鱼脊梁封土，封土下为墓道。帝陵墓室在墓道北端，位居陵台南 10 米处，为三室

（主室，左右耳室各一）土洞式结构。墓室四壁立护墙板，墓内有朽棺木，为土葬。陵城神墙四面居中有门阙，神墙四角有角台。有的帝陵还圈有外城，外城有封闭式的、马蹄形式的和附有瓮城的基本格局在仿宋陵的基础上有所创新。

西夏王陵 3 号陵茔域面积 15 万平方米，是西夏王陵 9 座帝王陵园中占地最大的和保护最好的一座，考古专家认定其为西夏开国皇帝李元昊的"泰陵"。为了让海内外人士了解西夏历史，探究西夏文化，在不断加强西夏王陵陵区文物保护工作的同时，管理部门着力开发了以 3 号陵为中心的游览区，相继建设了西夏博物馆、西夏史话艺术馆、西夏碑林等能够展现西夏深厚历史文化的景点。西夏王陵成为人们了解西夏历史、探寻西夏文化的一处重要文物旅游景区。

裕陵（1 号陵）

1 号陵位于西夏陵区最南端，俗称"双陵"之东侧。陵主李继迁，系西夏开国皇帝李元昊的祖父。生于宋乾德元年（963 年），卒于宋景德元年（1004 年）。李继迁是党项族平夏部落首领，西夏王朝奠基者。自宋太平兴国七年（982 年）起，抗宋自立，逐渐强大。宋雍熙二年（985 年），诱杀宋将曹光实，袭据银州（今陕西榆林南），自称定难军留侯。降辽授为定难军节度使，封夏国王。宋至道二年（996 年），邀击宋军于浦洛河，进围灵州（今宁夏灵武市西南）。宋师以五路出击，无功而返。次年，遣使向宋求和，授定难军节度夏州、银州、绥州、宥州、静州等州观察处置押蕃落使。宋咸平五年（1002 年），攻陷灵州，改称西平府，定为都。次年，攻西凉府（今甘肃武威），遭吐蕃大首领潘罗支袭击，中流矢。次年死。子德明继位，尊为光孝皇帝。孙元昊建国后追谥神威，庙号太祖，墓号裕陵。

嘉陵（2 号陵）

2 号陵位于裕陵之西北部约 30 米处。陵主李德明，李继迁之长子，系西夏皇帝李元昊之父。宋景德元年（1004 年）嗣位，辽授予西平王称号。宋大中祥符三年（1010年），辽封其为夏国王，遂建宫阙于鏊子山（今陕西省延川县西）。宋天禧四年（1020年），迁都怀远镇（今宁夏银川），改称兴州。次年，辽封其为大夏国王。宋明道元年（1032年），宋封其为夏王，同年卒。李德明与宋、辽和好，集中力量开拓河西，战胜回鹘，取得甘州、瓜州、凉州，奠定了西夏版图。李元昊追谥其为光圣皇帝，庙号太宗，墓号嘉陵。

泰陵（3号陵）

3号陵位于西夏博物馆西南，俗称"昊王坟"，是旅游者经常参观的一座王陵。茔域面积约15万平方米，虽遭破坏，但仍是整个陵区中规模最大的西夏帝王陵墓。陵主李元昊，小字嵬理，后改姓嵬名氏，更名曩霄，自称"兀卒"（意天子）。性雄毅，多大略，晓"浮屠佛学，通蕃汉文"。宋天圣六年（1028年），率兵袭破回鹘夜洛隔可汗，夺取甘州。24岁被立为太子。宋明道元年（1032年），父死袭位，去唐、宋朝廷所赐"李"、"赵"姓，号"嵬名氏"。称帝，立年号，更衣冠，立官制，制礼仪，建蕃学，置十二监军司，又命大臣野利任荣创制文字（西夏文）。宋宝元元年（1038年），筑坛受册，即皇帝位，国号大夏，都兴庆府（今银川市），年号天授礼法延祚。宋康定元年（1040年）、宋庆利元年（1041年）及二年，大举攻宋，与宋军分别战于三川口（今陕西延安西）、好水川（今宁夏隆德县西）和定川寨（今宁夏固原中和乡），皆获胜。夏天授礼法延祚七年（1044年），与宋议和，并称臣于宋。宋册封其为夏国王。夏天授礼法延祚十一年（1048年），因夺子宁令哥妻，在没藏讹庞唆使下，被宁令哥刺死。在位17年。谥武烈皇帝，庙号景宗，墓号泰陵。

泰陵是整个陵区中规模最大的一座，历经千年，地面建筑虽遭严重破坏，但陵园的阙台、陵台基本完好，陵城神墙、门阙、角台大部尚好，布局清晰可辨。整座陵园从南到北的遗存有：

阙台：位于陵园南端，于中轴线两侧对称排列，东西相距20米，

西夏王陵石像生

由黄土筑成。阙台正方形，边长 8 米，高 7 米，上部内收，顶部有一小台基，其上散有残砖瓦，推测为原有建筑遗迹。

碑亭：位于中轴线两侧，东西对称，阙台北 34 米，东西两碑亭相距 80 米。1987 年考古工作者正式发掘东碑亭。东碑亭台基呈圆角方形，四壁呈三级台阶式。台基地边长 21.5 米，顶边长 15.5 米，高 2.35 米。四壁台阶以绳纹砖包砌，石灰勾缝；局部砖尚存。出土有 3 个人像碑座（应为 4 座，存三毁一）；还出土有西夏文残碑 360 块，残片文字最多的仅 5 字；还有瓷、铜、铁碎片及泥塑残块等。

月城：位于碑亭北，占地约 0.67 公倾，呈东西长方形，东西距 120 米，南北距 52 米，墙基宽约 2 米，高 0.7 米。城如月牙露出，故名月城。月城南墙正中有门，石道两侧有石像生基址。

陵城：四面城墙（俗称神墙）环绕，呈南北长方形，南北相距 180 米，东西相距 160 米。城墙墙基宽 3 米，用黄土分段夯筑，各段基如须弥座状，故又称须弥座式神墙。陵城四周城墙正中辟门为门阙，门址宽约 12 米，每个门阙由 3 个圆锥形夯土基座组成，从地面散布的瓦片、脊饰残件推测，曾建有门楼。城墙四角各有角台，角台有砖瓦残存。在南神门内约 25 米偏西处，有一用黄土垫实的台基，直径 20 米，高 0.7 米，其上建筑无存，周围地面残存大量青砖灰瓦及琉璃构件，此为献殿。

陵台：陵园北矗立约 20 米的一个塔状棱锥形夯土台，用黄土密实夯筑而成，八面七级，夯土台有椽洞。陵台周围地面散有大量瓦片、瓦当、滴水等建筑物残块。献殿与陵台之间有一条南北走向形似鱼脊的用砂石填成的墓道封土。墓道长 50 米。北端为一盗坑，直径 20 米，深约 5 米。

安陵（4 号陵）

4 号陵位于泰陵西约 2 千米的贺兰山山脚下，陵园东、西、北三面环山，面积约 10 万平方米，坐北朝南。陵台八面五级，高 15 米。陵园布局与泰陵相同，由阙台、碑亭、月城、献殿、陵台、墓道等部分组成。遗存碑亭一座。安陵墓主谅祚（1047 年～1068 年），元昊妃没藏氏之子。1048 年国相没藏氏之兄没藏讹庞唆使元昊长子、皇太子宁令哥杀死其父，复诛宁令哥，立谅祚为帝。谅祚周岁即帝位，改元延嗣宁国，立没藏氏为太后。因帝年幼，母与舅没藏讹庞执政 6 年。其间与北宋、契丹时战时和。谅祚性好佛，西夏天祐垂圣元年（1050 年）役使兵民数万建承天寺。实行亲宋政策，仿宋朝官制，增设职官，起用汉人，调整州军，与宋互市。1068 年 12 月病卒，在位 20 年。谥昭英皇帝，庙号毅宗，墓号安陵。

献陵（5 号陵）

5 号陵位于泰陵（3 号陵）北 2.3 千米，面积 10 万平方米，破坏严重。陵城方形，边长 183 米，陵台夯土已被后人取做他用。该陵有碑亭 3 座，西边一座，东边南北两座，南小北大。西碑亭出土西夏文残碑 63 块，东碑亭出土汉文残碑 26 块。陵园主李秉常（1061 年～1086 年）为毅宗谅祚之长子。1068 年被宋册封为夏国主。

西夏大安二年（1075 年），李秉常 15 岁，始亲国政，实行联辽政策。西夏天安礼定元年（1086 年）7 月，李秉常忧愤而卒，年 26 岁，在位 20 年。谥康靖皇帝,庙号墓宗,墓号献陵。

显陵(6 号陵)

6 号陵位于献陵西 650 米处,陵园紧依贺兰山脚,西北两面环山。独特之处有马蹄形外城,南面开口,东西墙前端至月城终止。陵园的阙台、碑亭、月城、献殿、陵台、墓道等布局与其他几个陵园相同。陵园主李乾顺(1083 年~1139 年)为惠宗李秉常之长子。西夏天安礼定元年(1086 年)即位,时年仅 3 岁。国政由其母梁太后和其舅梁乙浦操纵。1087 年被宋朝册封为夏国王,1088 年被辽册封为夏国王。西夏永安二年(1099 年)亲理国政,实行结辽抗宋抗金政策。后来金以土地相诱,又背辽附金。推行"尚文重法"的治国方针,加强了军事力量,扩展了领土。西夏大德五年(1139 年)卒,年 57 岁,在位 54 年。谥圣文皇帝,庙号崇宗,墓号显陵。

1972 年~1975 年,宁夏文物工作者正式发掘显陵。墓室为多室土洞式,由墓道、甬道、中室、东侧室、西侧室组成。墓道全长 49 米,墓道甬道两壁有武士像壁画。墓室内出土有甲片、铜泡饰、铜铃、瓷片、铁钉、珍珠。发掘前此墓多次被盗,出土遗物不多。

寿陵(7 号陵)

7 号陵位于献陵北 3 公里。陵园面积 8 万平方米。陵园已被现代建筑破坏,仅剩阙台、碑亭、月城、陵城部分神墙、陵台。寿陵墓主李仁孝(1124 年~1193 年),为崇宗乾顺长子,16 岁即帝位,改元大庆。李仁孝统治时期,放粮赈饥,减免赋税,同时大力发展教育事业。西夏人庆元年(1144 年),令州县各立学校,并模仿中原制度立太学,亲临大学"释典礼"(向贤圣先师举行隆重的祭祀)。大庆三年(1146 年)尊孔子为文宣帝,令州郡悉立庙祀。发展科举制度,购买儒家典籍,组织人力翻译出版西夏文儒家经典著作,于翰林学士院内设有翰林学士、翰林待制和翰林直学士。封西夏文字创制者野利任荣为广惠王。天盛年间,修成法律《天盛改旧新定律令》,这是我国第一部以少数民族文字

制定、颁布的法律。大兴文治，整饬吏治，进一步完善了中央和地方的统治机构，加强了封建统治，使夏国"典章文物，灿然成一代宏规"。西夏乾祐十四年（1193 年）卒，年 70 岁。谥圣祖皇帝，庙号仁宗，墓号寿陵。

庄陵（8 号陵）

8 号陵位于 7 号陵西北，相距 500 米，紧靠山脚。庄陵墓主李纯祐（1177 年～1206 年）为仁宗李仁孝长子。西夏乾祐二十四年（1193 年）即位，时年 17 岁。西夏天庆元年（1194 年）初受金册封为夏国王。李纯祐是西夏历史上"能循旧章"的"善守"之君，竭力奉行对内安国养民，对外附金和宋的方针。但此时蒙古突起于漠北，严重威胁西夏国的安全，西夏国内上层矛盾重重。1206 年，其堂兄李安全在纯祐母罗太后的支持下，自立为帝。纯祐"死于废所"，年 30 岁，在位 14 年。谥昭简皇帝，庙号桓宗，墓号庄陵。

康陵（9 号陵）

9 号陵位于 7 号陵东北。地上部分除陵台外其余建筑无存，陵台已坍塌过半。康陵墓主李安全，为仁宗李仁孝弟越王仁友之子，崇宗乾顺之孙。西夏桓宗天庆十二年（1205 年），与桓宗母罗氏合谋废桓宗自立，改元应天。六月，罗氏为其请封册于金，金册封为夏国王。蒙古多次用兵西夏，并破克夷门，进围中兴府。李安全亲自登城激励将士守御。蒙古兵引黄河水灌城，城中居民淹死极多。李安全遣使乞援于金，金拒绝出兵。李安全只得向蒙古纳女请和，夏金关系趋于破裂。西夏光定元年（1211 年）夏齐王遵环废安全自立。同年 8 月安全死，年 42 岁，谥静穆皇帝，庙号襄宗，墓号康陵。

成吉思汗陵墓 （中国）

　　成吉思汗即元太祖铁木真，是一位叱咤风云、显赫一世的蒙古族政治家、军事家。他在统一蒙古诸部后于1206年被推为大汗，建立了蒙古汗国。他即位后展开了大规模的军事活动，版图扩展到今天的中亚地区和欧洲。1226年率兵南下攻西夏，次年在西夏病死。元朝建立后，成吉思汗被追尊为元太祖。

　　成吉思汗陵规模不算大，占地约5.5公顷，但颇有特色，是我国内蒙古的一处主要旅游景点。

　　成吉思汗陵坐落在内蒙鄂尔多斯市伊金霍洛旗甘德利草原上，距东胜区70千米。蒙古族盛行"密葬"，即秘密潜埋。据史料记载，蒙古贵族死后不起坟，埋葬之后"以马揉之使平"，然后在这片墓地上，当着母骆驼的面，把子骆驼杀死，淋血在地上，然后派千骑士兵守护。来年春天，草生长茂盛之后，士兵迁帐撤走。如果要祭祀，就拉着那只母骆驼引路，但见母骆驼悲鸣之处，就算是墓地了。所以真正的成吉思汗陵究竟在何处始终是个谜。目前，考古专家对成吉思汗墓地的圈定位置，比较认同4个地点：一是位于蒙古国境内的肯特山南、克鲁伦河以北的地方；二是位于蒙古国的杭爱山；三是位于中国宁夏的六盘山；四是位于中国内蒙古鄂尔多斯鄂托克旗境内的千里山。至今尚无定论。

　　现今的成吉思汗陵乃是一座衣冠冢。它经过多次迁移，直到1954年才由湟中县的塔尔寺迁回故地伊金霍洛旗，北距包头市185千米，这里绿草如茵，一派草原特有的壮丽景象。

陵园主体建筑由 3 座蒙古式的大殿和与之相连的廊房组成，建筑雄伟，具有浓厚的蒙古民族风格。建筑分正殿、寝宫、东殿、西殿、东廊、西廊 6 个部分。3 个殿之间有走廊连接。在 3 个蒙古包式宫殿的圆顶上。金黄色的琉璃瓦在灿烂的阳光照射下，熠熠闪光。圆顶上部有用蓝

陵园前景

色琉璃瓦砌成的云头花，是蒙古民族所崇尚的颜色和图案。

中间正殿高达 26 米，平面呈八角形，重檐蒙古包式穹庐顶，上覆黄色琉璃瓦，房檐则为蓝色琉璃瓦；东西两殿为不等边八角形单檐蒙古包式穹庐顶，亦覆以黄色琉璃瓦，高 23 米。整个陵园的造型，犹如展翅欲飞的雄鹰，极显蒙古民族独特的艺术风格。

正殿正中摆放成吉思汗的雕像，高 5 米，身着盔甲战袍，腰佩宝剑，相貌英武，端坐在大殿中央。塑像背后的弧形背景是"四大汗国"疆图，标示着几百年前成吉思汗统率大军南进中原，西进中亚和欧洲的显赫战绩。后殿为寝宫，安放 4 个黄缎罩着的灵包，包内分别供奉成吉思汗和他的 3 位夫人的灵柩；灵包的前面摆着一个大供台，台上放置着香炉和酥油灯。这里还摆放成吉思汗生前用过的马鞍等珍贵文物。

东殿安放着成吉思汗的第四子拖雷（元世祖忽必烈之父）及其夫人的灵柩。自窝阔台及其长子之后，蒙古族皇帝都是拖雷的子孙，所以其地位极为显赫。

西殿供奉着象征着9员大将的九面旗帜和"苏勒定"。苏勒定即为大旗上的铁矛头，成吉思汗南征北战中，用它指挥过千军万马。传说成吉思汗死后，其灵魂便附在其上，因此在蒙古人民的心目中，苏勒定是十分神圣的。

在正殿的东西廊中有大型壁画。主要描绘了成吉思汗出生、遇难、西征、东征、统一蒙古各部等重大事件。壁画还表现了成吉思汗的孙子忽必烈统一中国，定都北京，于公元1271年正式改国号为元，并追封成吉思汗为元太祖的盛况。在通连东西两个侧殿的走廊里，绘有壁画。西走廊绘成吉思汗一生重大事件，东走廊绘成吉思汗孙子——忽必烈的事迹。

成吉思汗雕像

在成吉思汗陵东南角，有金顶大帐、侧殿、选汗高台、文物陈列馆、射击场、赛马场、摔跤场等设施。金顶大帐高13米，直径18米，是一座蒙古包式的行宫，再现1206年成吉思汗登基时的情景。殿内有成吉思汗宝座和画像，殿外有8辆战车，车轮高2米，可供游人瞻仰观赏。选汗高台高8米，是历史上牧民推选可汗时的仿古建筑。

成吉思汗于1227年病逝至今700多年来，对他的祭奠活动在草原上一代接一代地始终进行着。据记载，成吉思汗的各种祭奠活动每年要进行30多次，这些祭奠都有不同的时间、方式和祭品。过去，由于受逐水草而居的游牧生活所限，加之由于成吉思汗陵是经常流动的，所

以，祭奠活动因地制宜分散在各地进行。1955 年，当地政府征得守陵的达尔扈特人和蒙汉同胞的同意，将分散在伊克昭盟（今鄂尔多斯市）各旗的成吉思汗画像、苏鲁德、宝剑、马鞍等物集中到成吉思汗陵所在地，并把各种祭奠活动适当集中，分别在每年的农历三月二十一、五月十五、八月十二和十月初三，举行一年的 4 次大祭。

每到祭祀之时，众多的拜谒者怀着虔诚的心情，不远千里跋涉而来，站在这位传奇人物的高大雕像前，献上哈达、炼烛、香炷、整羊、牛羊奶、酥油、马奶酒等最圣洁的祭品。祭奠由达尔扈特人主持进行。主要的仪式有：绕"金柱"（蒙古语称"阿拉腾嘎都苏"）、洒奶、绕神马。绕柱、绕马结束后，即开始献酒。献酒是一个复杂的过程，同时伴有朗诵祝词。献酒毕，进殿跪于祭案前，再献哈达、献灯、献羊、献香（念祝词）。整个祭奠过程共需 2 小时左右。

开圆形坟之先河，为明十三陵及清东陵、西陵规制典范。建筑精美高大，形胜天然。

明太祖孝陵（中国）

《红楼梦》里的妙玉特别欣赏宋朝诗人范成大的两句诗："纵有千年铁门限，终需一个土馒头"。是说人的寿命无论怎样长久，也终究要死。土馒头是坟的俗称，因圆形的坟，看去恰如馒头。不过在帝陵中，这种馒头坟直到明代才出现，秦汉唐宋时期的帝陵都是方形的，圆形坟是明太祖朱元璋因地制宜的创举。因为南方多雨，陵墓作圆形，可使雨水下流，不致浸湿墓穴。由此可见这位朱皇帝不泥守传统、立足实际的革新精神。

朱元璋选陵址的办法也颇有新意。他登基后，曾向刘基、徐达、常

五通石碑

遇春、汤和征询陵址的意见，并约定时间召集这 4 人磋商。当时连朱元璋共 5 人，各自先用纸条将陵址写好，到时从各自的袖筒中掏出来一对，结果不约而同地写着同一地点。这不免让人想到《三国演义》中诸葛亮与周瑜二人手掌上的"火"字，可谓英雄所见略同。

这个被普遍看好的陵址就是江苏省南京市紫金山独龙阜玩珠峰下的灵谷寺旧址。紫金山最初叫金陵山，楚怀王灭越后，曾在这里掘地埋金，以镇"王气"。它三峰并峙，气势雄伟，自六朝以来，就流传有"钟阜龙盘，石城虎踞"的诗句，故有"虎踞龙盘"之说。独龙阜北依紫金山主峰，阜高 150 米，泉壑幽深，紫气蒸腾，云气山色，朝夕多变，确是一块风水宝地。陵址一经选定，朱元璋就把原址上的灵谷寺迁到紫金山东麓，让地给自己建陵。

洪武十四年（1381 年），朱元璋开始营建孝陵。翌年马皇后去世，就安葬在这个墓里。洪武十六年（1383 年）完成陵墓的享殿等主体工程。1398 年朱元璋病死，终年 71 岁，与马皇后合葬孝陵。后建文帝、明成祖继续修建，于永乐三年（1405 年）全部建成，历时 25 年。

孝陵周长约 30 千米，规模宏大，由南向北，纵深达 2.6 千米，是一组排列有序、相对集中的木构建筑群。最前面是下马坊，碑刻"诸司官员下马"6 个大字，这是陵寝威严的标志，轻忽不得，否则就得问个大不敬罪。下马坊东有明朝末代皇帝崇祯所立的"禁约碑"，碑文洋洋数百字，是保护陵园和谒陵的有关规章制度。禁约碑东北约 500 米处是孝陵大红门，门上原有重檐黄色琉璃瓦顶，今只剩下门洞。过大红门是四方城，这里原是一座碑亭，现在只剩下四周围墙。城内原有永乐三年（1405 年）明成祖朱棣为他父皇所立的"大明孝陵神功圣德碑"一通，满碑全是对朱元璋的颂扬之辞。

四方城略北过御河桥是平坦宽阔的孝陵神通，两侧排列有 12 对石像生，包括文臣武将各 4 尊，华表 2 座，石兽 24 只，绵亘排列达 10 千米之长，象征朱元璋生前拥有的仪仗和侍卫，可以说是"死要威风"。

孝陵石刻

这些石刻比唐宋帝陵的石雕体态更显壮观，石刻技法简朴，形态虽稍嫌呆滞，但具有静谧肃穆之感，是明初石雕艺术的代表。

孝陵的神道非常独特，由华表开始北拐，呈月牙形，半抱一座名曰"孙陵岗"的小山。岗上有三国时吴大帝孙权的陵墓。神道转弯在帝王陵寝中是不多见的。据载，当年建陵时，曾有人建议将孙权墓迁走，但朱元璋说："孙权也是条好汉子，留为门主。"于是神道只好绕行而过。

神道尽头，过棂星门遗址就是孝陵的正门，门上嵌有"明孝陵"青石门额一块。正门之后是中门，原来的建筑已经毁坏。清同治四年（1865 年）在中门台基上修建了一座碑亭，里面矗立着五通石碑，中间一通上刻清康熙皇帝的题字。康熙六次南巡，曾五次亲谒明孝陵，这块"治隆唐宋"碑是他 1699 年第三次南巡时所题。其他四碑也都刻有清代皇帝的题字，其中有乾隆皇帝 1751 年南巡时所题刻的诗句，诗中对明太祖打下一片大好江山，而后世子孙却无法守成十分感慨。

碑亭后面是献殿，这是陵园最突出的建筑，原有45间涂龙滚柱的殿屋，规模十分宏大。这也是朱元璋对陵寝制度的重大改革。他取消了秦汉唐宋时期陵园中供帝王灵魂起居的下宫建筑，并相应取消了陵寝中留居宫女以侍奉亡灵起居的制度，而保留并扩展了供谒拜祭奠的上宫建筑，从而更加注重朝拜祭祀的仪式排场。这既说明随着社会文化的发展，陵寝中原始迷信的方式不能不逐渐废止，也反映出了朱元璋为推崇皇权，巩固统治而借祭祀大做文章的良苦用心。

然而，再盛大的祭祀也不能永远保住大明江山。清军入关之际，孝陵献殿全部被毁，只剩下遍布刀伤的台基和柱础。清朝占据中原后，为安抚人心，曾于同治十二年（1873年）在残存的台基上重建了一座献殿，但只面阔3间，与须弥座式的台基相比，寒碜而落魄。新中国成立后，人民政府曾进一步修整和装饰了重建的献殿，部分建筑已恢复了昔日的盛容。

陵园最后部分是宝城，宝城是陵墓前的一圈围墙。宝城上建有明楼，这是陵园内最高的建筑物。宝城和明楼也是朱元璋的创举。宝城内的巨大土丘就是明太祖朱元璋和马皇后的合葬地，上面条石篆刻着"此山明太祖之墓"。

朱元璋虽然在后人的画像里厚唇长颚，十分不堪；安徽的花鼓戏也对这位皇帝充满了讽刺怨恨，但他能由一介农夫成为一朝开国之君，确有他过人之处。而他对陵寝制度的改革，也为后世垂范。明十三陵及清东陵、西陵在规制上就是基本沿袭孝陵，只是规模更为宏大而已。

明太祖孝陵也是全国首批重点文物保护单位。1980年起重新对外开放。那高大精美的建筑和形胜天然的景色令络绎不绝的中外游客流连忘返。2003年入选世界文化遗产。

明显陵（中国）

　　明显陵是全国重点文物保护单位，位于湖北省钟祥市城东郊的松林山，是明世宗嘉靖皇帝的父亲恭睿献皇帝和母亲章圣皇太后的合葬墓，是我国数千年历史长河中非常有特色的一座帝王陵寝。

　　显陵始建于明正德十四年（1519 年），嘉靖四十五年（1566 年）建成，前后历时共 47 年，占地 183 公顷，其中陵寝部分占地 52 公顷，在这广阔的区域内，所有的山体、水系、林木植被都作为陵寝的构成要素来统一布局和安排。陵区后部的自然山丘为祖山，作为陵寝的依托，两侧的山体作为环护，中间台地安排建筑、九曲河婉蜒其间，前面山丘为屏山，构成前朱雀、后玄武、左青龙、右白虎的风水格局，体现了"陵制与山水相称"的原则。陵墓的最南端建有敕封纯德山碑亭一座，平面呈方形，亭已毁，内供汉白玉石碑一通，通高 3.59 米，宽 1.15 米，上书"纯德山"三个大字，碑座、碑身、碑文和碑额保存完好。

　　纯德山东侧天子岗建有龙首龟趺碑亭一座，俗称"山曲碑"亭，记载着陵区的范围及管理方面的内容。陵寝外围建有高 6 米，厚 1.6 米，长达 4730 米，平面呈"金瓶"形状的外罗城。外罗城前端因池塘和东南砂山影响，依山就水建造歇山顶宫门一座，名新红门，面阔 18.5 米，进深 8 米，有券门三洞。门前有下马碑两座，上书"官员人等至此下马"。新红门右侧依原有天然池塘建有外明塘，外明塘后为三道御桥。

过御桥为正红门，正红门红墙黄瓦，歇山顶式，面阔 18 米，进深 7.8 米，有券门三洞。

进正红门神道正中毫立着高大的睿功圣德碑亭，平面布局为方形，面阔进深均为 18.3 米，占地 334 平方米，汉白玉台基，下设石须弥座，上为重檐歇山顶，四边各开有券门，正中立龙首龟趺睿功圣德碑。碑亭后 63 米处设御桥三座。过桥便是陵区最主要的墓饰建筑，迎面为汉白玉望柱，通高 12 米，下为方形须弥座，柱身为六棱形，二层束腰云盘托着圆柱形有云龙纹浮雕望柱头。望柱后排列着石像生群、计有狮子、懈貅、卧骆驼、卧象、麒麟、立马、卧马各一对；武将二对，文臣、勋臣各一对，造型生动，排列有序。其后为龙凤门，作为石像生的依托，龙凤门设计十分精巧，为六柱三门四楼冲天式牌楼，方柱上悬出云版，上覆莲座，莲座上各雕有一尊朝天吼、正身立火焰宝珠，石墩，坊身仿木作设额枋、花板、抱框，上额枋设有门簪，方柱前后夹有抱鼓石，影壁墙下设须弥座，上盖黄色琉璃瓦，整个龙凤门不仅洁白耀眼而且金碧辉煌。

从龙凤门再越御桥便是一条长达 290 米的神道，该神道一反左右对称和通直的原则，作弯曲龙行状，是为龙形神道。接龙形神道是最后三座御桥。九曲河由东北向西南蜿蜒而过，河道为砖石结构，河中根据高差建有九道拦水坝。过九曲河最后一道御桥为内明塘，内明塘为圆形，直径 33 米，周边砌有青石护岸。塘两边各设有碑亭一座，分别为"纯德山祭告文"碑亭和"瑞文碑"亭。内明塘后，为祾恩门，面阔三间，进深二间，建有月台，前后三出云龙丹陛，门两边有琉璃影壁，影壁正面为绿色琉璃的蟠枝图案，背面为双龙腾跃，喻意藏龙护生。祾恩门外东侧，建有神厨、神库、宰牲亭等。西侧建有神宫监，礼生乐户直房等。

祾恩门后，左右为配殿，面阔五间，进深二间，前出廊。再后为棱恩殿，歇山后抱厦宫殿式建筑，面阔五间，进深四间。前出月台，石雕须弥座台基，雕栏龙凤望柱。祾恩殿后为陵寝门，面阔三间、砖石琉璃结构。陵寝门后为二柱门，现仅存石柱，蹲龙战鼓，木构无存。二柱门后为石五供，现存供案和部分石雕供器。供案两侧各有碑亭一座，分别为御赐祭文碑亭和御赐谥册志文碑亭。供案后是方城明楼，方城面阔、进深皆为 22.2 米，设券门一道，门前有御道踏跺。门后左右设有御道台阶以供上下。方城上建有明楼，面阔、进深均为 17 米，重檐歇山顶，石须弥座基础，四道券门。内供"大明睿宗献皇帝之陵"圣号碑，通高 4.69 米。方城后左右连接着前后宝城，前宝城呈椭圆形，东西宽 112 米，南北长 125 米。宝城内为宝顶，宝顶下为 1519 年（正德十五年）所建玄宫。宝城与方城之间建有月牙城，内有琉璃影壁一座。前后宝城由瑶台相连。两座宝城上共有向外悬挑的散水螭首 16 个，设计精巧，为独特的排水系统。瑶台为长方形，面阔 11.5 米，进深 40.5 米。

后宝城为圆形，直径 110 米。内为宝顶，宝顶下为 1539 年（嘉靖十八年）所建地下玄宫，玄宫内停放着恭睿献皇帝和皇后棺停。陵区外围沿祖山、东西砂山、案山建有显陵卫、东果园、西菜园、更铺及巡山铺等。

显陵之奇特主要源于王墓改帝陵而形成的一陵双冢举世无双的孤例而弥足珍贵。显陵的墓主朱祐杬生前为兴献王，死后葬于松林山，明正德 16 年武宗驾崩，因其无子嗣，慈寿皇太后与首辅大学士杨廷和遵奉"兄终弟及"之祖训，遗命"兴献王长子朱厚熜"嗣皇帝位。年号为嘉靖，后朱厚熜为自立体系，用武力平息了长达 3 年之久的"皇考"之争，其间廷杖致死 17 人，入狱、夺俸、充军、戍边、革职等官员达 115 余人，从而完成了自己的昭穆体系，这一重大事件历史上称之为"大礼仪"之争。此后嘉靖皇帝朱厚熜便将其父追尊为恭睿献皇帝，并将王墓改为帝陵，开始了大规模的改建扩建工程，直至嘉靖驾崩建设才停止。

　　显陵以其独特的环境风貌、精巧的布局构思、宏大的建筑规模、丰富的地下宝藏及其珍贵的历史价值而受到国家文物专家的高度重视，1988 年国务院公布为全国重点文物保护单位，1999 年 3 月国家文物局又将其作为明代唯一的一座帝陵，向联合国世界遗产委员会申报世界文化遗产，联合国教科文组织世界文化遗产委员会已投票通过，将我国湖北钟祥市的明显陵列入世界文化遗产项目。

我国积累式建筑群，建筑布局严格遵循"中轴线"及"前朝后寝"的陵寝规制。是旅游名胜之地。

皇太极北陵（中国）

　　北陵，本名"昭陵"，位于沈阳城北约5千米，故称"北陵"。这里埋葬着清朝第二代开国君主、清太宗皇太极以及孝端文皇后。陵区古松参天，湖水荡漾，金瓦红墙，斑斓耀目，充分显示出这座封建皇家陵园雄伟的气势。"风水宝地"特有的庄严、肃穆和神秘，徜徉其间，令人心旷神怡，流连忘返，激起思古之幽情。

　　昭陵始建于清崇德八年（1643年），至顺治八年（1651年）初步完工。康熙、乾隆及嘉庆各朝又对之做了若干增建和改建。可以说，它是一座积累式建筑群。它虽保持有清初关外某些建筑特色，更多的则是按照中原王朝陵寝制度所改建的，所以它与明清皇陵有许多相似之处。

　　昭陵陵区占地总面积450万平方米，四周设有红、白、青3种颜色界桩，其前面还备有挡众木（又叫"拒马木"）442架。陵区南北狭长，东西偏窄。陵区最南端是下马碑，其北为华表和石狮。石狮之北建有神桥及涤品井一眼。神桥往北为石牌坊。石牌

皇太极墓

坊东西两侧各有一座小跨院。东跨院是更衣亭和静房。更衣亭是皇帝祭祀时更换衣冠及小憩之处；静房是御用厕所。西跨院是省牲亭和馔造房。省牲亭是祭祀时宰杀牲畜及家禽的场所；馔造房是制作祭品之处。石牌坊之北是陵寝正门——大红门，此门周围是环绕陵区的朱红围墙。大红门内有一条南北笔直的"神道"。神道两侧由南往北依次立有擎天柱一对、石狮子一对、石獬豸一对、石麒麟一对、石马一对、石骆驼一对、石象一对。这些石兽统称"石像生"。再北，在神道正中有神功圣德碑亭一座。碑亭两侧有"朝房"，碑亭之北是方城。方城正门曰"隆恩门"，城门上有楼，方城正中是隆恩殿，两侧有配殿和配楼。隆恩殿后有二柱门和石祭台，再后是券门，券门顶端为大明楼，步入券门是月牙城。月牙城正面有琉璃影壁，两侧有"磴道"。月牙城之后是宝城、宝顶，宝顶之内为陵寝的"心脏"——地宫。

宝城之后是人工堆积起来的陵山——"隆业山"。另在陵寝西侧，与宝顶遥遥相对还有一组建筑叫"懿靖大贵妃、康惠淑妃园寝"，是安葬太宗众妃的茔地。昭陵建筑布局严格遵循"中轴线"及"前朝后寝"等陵寝规制。陵寝主体建筑全部建在南北中轴线上，其他附属建筑则均衡地安排在它的两侧。这样的设计思想主要是体现皇权至高无上，同时达到使建筑群稳重、平衡及统一等美学效应。"前朝后寝"是出于"事死如事生，事亡如事存"的需要。帝王生前使用的宫殿是按"前朝后寝"建造的，因而按照古人的传统观念，皇帝的陵寝同样要按"前朝后寝"建造，因为皇帝死后也要和生前一样如期"临朝"，仍然要有饮食起居的"寝宫"。

清时昭陵的管理有文武两大衙门，一个叫总管衙门，一个叫关防衙门，总管衙门主要负责陵区的防卫，关防衙门负责祭祀和陵寝建筑的一般修缮。

清朝逊国之后，昭陵虽然仍由三陵守护大臣负责管理，但由于连年战乱，国库入不敷出，对昭陵无力做大的修缮，以至陵园建筑残破凋

皇太极像

零。当时有位文人写过这样一首《游北陵》诗："涉足昭陵户与庭，辉煌眩目未曾经。莓苔满径无人管，杨柳山中犹自清。"写出了当时昭陵的真实面貌。20世纪30年代，当时的奉天省当局将昭陵开辟为北陵公园，并设置监督员和管理员进行实际管理。

1982年2月23日，昭陵列入全国重点文物保护单位。2004年7月1日，昭陵与同在沈阳的福陵、永陵列入世界文化遗产名录。

清东陵 （中国）

清朝入关以后，除末代皇帝爱新觉罗·溥仪外，其余9个皇帝均仿照明代帝陵，建造了两处规模宏大的陵墓群。因它们各距北京市区东西一百多千米，而被称作清东陵与西陵。

东陵位于河北省遵化县马兰峪的昌瑞山下，西距北京市区125千米，是中国现存规模最大的陵墓区。陵区占地78平方千米。整个陵区以昌瑞山顶的明代长城为界，划分为两部分：长城以南为"前圈"，周围修砌了近20千米的风水墙，是陵墓建筑区；长城以北为"后龙"，是风水禁地。

东陵北靠昌瑞山，东依蜿蜒起伏的鹰飞倒仰山，西傍高耸入云的黄花山，南抵宛若倒扣金钟的金星山。更南为天台、烟墩两山对峙，形成一个险峻的陵口，名叫兴隆口。整个陵区之水汇集于此，水深流急，常有鲤鱼跃出水面，根据"鲤鱼跃龙门"之说，兴隆口又叫龙门口。整个陵区环境千山万壑，回环朝拱，重峦如涌，绵亘不绝，真是一块风水宝地。据说这是由清世祖顺治亲自相中御定的。清入关后，有一次顺治皇帝出外狩猎，纵马扬鞭，偶然来到昌瑞山下，停辔四顾，但见山川壮美，景物天成，不由龙颜大悦。他翻身下马，虔诚祷告了一番，然后将右手大拇指上佩戴的白玉扳指轻轻取下，小心翼翼地扔下山坡。静默片刻，庄重地向身旁敛声屏气的群臣宣布："此山王气葱郁，可为朕寿宫。"少停，又说："鞭（扳指）落处定为穴。"群臣凛遵，赶紧在草丛

中细细寻觅，终于找到了那枚扳指。于是，在扳指停落的地方打桩作记，清朝入关后的第一个陵墓区就此开辟了。

清东陵全景

东陵始建于顺治十八年（1661年），圈内有15座陵寝，葬有5个皇帝、15个皇后、136位妃嫔、2位公主、3位阿哥，共161人。

东陵陵园的布局与明代相比更为成熟，其体系完整，布局严谨，规模宏大，整齐划一。东陵以昌瑞山主峰脚下的顺治孝陵为中心，东边是康熙皇帝的景陵和同治皇帝的惠陵，西边是乾隆皇帝的裕陵和咸丰皇帝的定陵。整个陵区由大小不等的200多座单体建筑组成。皇帝皇后的陵寝均为黄琉璃瓦盖顶，按从南到北的顺序，一般都由石牌坊、大红门、神功圣德碑楼、石像生、龙凤门、神道石桥、神道碑亭、神厨库、东西朝房、隆恩门、隆恩殿、东西配殿、琉璃门、二柱门、石王供、方城、宝城、明楼、宝顶等大小建筑组成。帝陵较后陵规模宏大。陵园规制基本沿袭明代，只是陵冢上增设了月牙城，规模比明十三陵大，布局也更繁复。陵区外围还有 10 多座陵寝，那是王爷、皇子、公主、保姆、勋臣等人的葬处，其规制与妃园寝相似，均用绿色琉璃瓦覆顶。这些古建筑群和石雕珍品，既是封建统治者穷奢极欲、挥霍无度的物证，又是我国劳动人民聪明才智的结晶。

孝陵作为东陵的主体建筑，陵园前矗立的石碑坊是进入陵区的第一座建筑物。它是五门六柱十一楼的仿木建筑，高 13 米，宽 32 米，全部采用青白石料。上面有"云龙戏珠""蔓草奇兽""双狮滚球"以及各种旋子大点金的彩绘纹饰，刀法精湛，气势雄伟，成为清代石雕艺术的最有代表性的作品。

紧靠石碑坊是大红门，孝陵的大红门是孝陵也是整个东陵的门户，门前有两块下马石碑，显示出皇陵的威严。

神功圣德碑楼高大雄伟，楼内屹立着巨大的石碑，碑身印刻着满汉两种文字，记述帝王一生的业绩。东陵内只有顺治孝陵、康熙景陵和乾隆裕陵有神功圣德碑，康熙的景陵甚至立了双碑。这些皇帝在位时，文治武功都很出色。而到了道光皇帝年间，爆发了第一次鸦片战争，为了掩盖战败、五口通商的丑事，道光皇帝故作自谦地说：自己治理国家的成就，无法与列祖列宗相提并论，就此把失去国土之耻轻轻放过。他同时下了一道手谕，自本朝始，不再兴建神功圣德碑。所以从此不再为这些丧权辱国的帝王树碑立传了。

东陵各帝陵（除同治惠陵外）的神道两侧，都井然有序地排列着数对石像生，尤以孝陵的石像生最为典型，数量也最多，共有 18 对，由獬豸、狻猊、骆驼、大象、麒麟、马、武将和文臣八组组成。这些雕像虽然形体不如明十三陵的高大，雕刻技艺却高超得多：动物雕刻体态生动，变化宛转；人物雕刻造型严谨，形态逼真，风格简洁明朗，敦厚淳朴，堪称不朽杰作。

桥梁是整个陵区建筑中不可缺少的重要组成部分。孝陵的七孔桥是东陵近百座石桥中桥孔最多、桥身最长的一座，也是最神奇别致的一座。它全部用汉白玉石拱砌而成，如玉虹垂落，雄伟壮观。由于桥身栏板的选料奇特，如顺栏板轻叩，就会听到金玉般的声响，妙如五音，人称"五音桥"。

慈禧陵

隆恩殿又称享殿，与明代一样，是陵园的主体建筑。定陵中的隆恩殿以西太后慈禧的菩陀峪定东陵最为奢华。殿内金碧辉煌，犹如黄金世界。殿内外的64根金龙盘御柱，制作精美，连故宫太和殿的六根贴金明柱都为之逊色。尤其是那立体的鎏金飞龙，头上安装带有弹簧的龙须，借助空气流通，龙须自行摆动，如群龙低吟，无比美妙。可惜这举世无双的金龙，由于帝国主义侵略者和军阀的盗窃破坏，如今连一鳞半爪也无从寻觅了。定东陵隆恩殿前的陛阶石和殿周围的汉白玉望柱和栏板上，还别出心裁地雕刻着"凤引龙"的图案，充分反映了这位曾挟制两代皇帝的妇人的权欲思想。

明楼是九脊重檐歇山顶的方形碑亭，建在方城之上，楼内正中竖着一通刻有"××皇帝之陵"字样的朱砂碑。方城南墙正中的洞口叫古洞门，是登明楼、上宝顶（墓室之顶）的必经之处。古洞门内有个月牙形的小院，叫月牙城。月牙城迎面的高墙正中，修砌了一座五光十色的嵌

琉璃的照壁，掩饰着地宫的入口。清东陵的地宫以乾隆的裕陵和慈禧的定东陵最为奢华，遭受的破坏也最为严重，珍贵的随葬品被军阀和土匪地痞洗劫一空。

清东陵是中国古代建筑集大成之作。它作为全国第一批重点文物保护单位，如今已被修葺一新。裕隆、定东陵及乾隆 36 位妃嫔的裕妃园寝经过修复和清理，已对清东陵外开放，成为游览访古的胜地。

清东陵于 2000 年 11 月 30 日列入世界文化遗产名录。

清世祖顺治孝陵

孝陵是清世祖爱新觉罗·福临（顺治皇帝）的陵寝，位于河北省遵化县昌瑞山主峰南麓，背后靠昌瑞山，前朝金星山，位居陵区主轴线上。后世 4 座帝陵依次分列左右，深刻体现了"居中为尊""长幼有序""尊卑有别"的传统观念。

孝陵的陵址是由顺治皇帝生前择定的。但由于定鼎之初，战事不

孝陵正殿

断，国库空虚，加之顺治帝正当英年，并未急于兴建。直到顺治十八年（1661 年），顺治帝崩逝后才开始兴工，到康熙三年（1664 年）11 月 19 日，主体工程告竣。

该陵是清朝统治者在关内修建的第一座陵寝，规模宏大，气势恢弘。自金星山下的石牌坊开始，向北集资布置着下马牌、大红门、具服殿、神功圣德碑亭、石像生、龙凤门、一孔桥、七孔桥、五孔桥、下马牌、三路三孔拱桥及东平桥、神厨库、东西朝房、隆恩门、东西燎炉、东西配殿、隆恩殿、琉璃花门、二柱门、祭台五供、方城、明楼、宝城、宝顶和地宫。这大大小小的几十座建筑，用一条长约 6 千米的神路贯穿起来，形成一个完整的序列。这些建筑的配置与组合均以风水学中的"形势理论"为指导，其大小、高低、远近、疏密皆以"百尺为形、千尺为势"的尺度进行视觉控制。

清圣祖康熙景陵

一座陵墓，埋葬了一位皇帝、4 位皇后、48 位妃嫔和一位皇子，这样的埋葬规格在中国历史上除它之外绝无仅有，它就是康熙皇帝的景陵。

公元 1722 年 2 月 20 日，康熙皇帝病死在畅春园，享年 69 岁。这位将清朝带入盛世的圣明君主，8 岁即位，在位 61 年，是清朝在位时间最长的一位皇帝。康熙在执政期间，励精图治，勤政爱民。康熙二十一年平定三藩、统一西南，康熙二十二年派兵收复台湾，随后又派兵平定新疆和西藏的叛乱。

清朝在入关之前，已经在关外营造了两座皇帝陵，即努尔哈赤的福陵和皇太极的昭陵。这两座陵寝规制各异，并无定制。清朝入关后所营造的陵寝，基本上沿袭了明陵的规制。按照规制，圣德神功碑亭里的功德碑应该是单碑。可是当我们走进景陵的圣德神功碑亭时却发现，这里史无前例地竖立了两通石碑。

康熙帝的景陵沿袭了顺治孝陵的规制，但是它的建筑设计在局部上又有很多不同。譬如改功德碑为双碑，龙凤门为牌楼门，而且神道上的石像生群只有 5 对等。所谓石像生，就是陵墓前神道两侧设置的雕像群。根据当时官修的史书记载，景陵在初建时，景陵的神道上并没有设立这些石像生。事实上，景陵神道两侧的这五对石像生，是乾隆皇帝出于礼制和孝道的考虑为景陵补建的。补建这些石像生当时由谁来承办？花了多少银两？

墓前石像生

迄今还不得而知。不管怎么说，这些石像生的设置为景陵的风貌增添了一道亮丽的景观。

从空中看，景陵整体上呈半圆形，地位高者列前居中，地位低者居后。景陵内，除了葬康熙皇帝，还有孝成仁皇后、孝昭仁皇后、孝懿仁皇后、孝恭仁皇后和敬敏皇贵妃及 48 位妃嫔，还有康熙的皇十八子胤祄。48 位妃嫔中，包括贵妃 1 人，即温僖贵妃；妃 11 人，即慧妃、惠妃、宜妃、荣妃、平妃、良妃、宣妃、成妃、顺懿密妃、纯裕勤妃、定妃；嫔 8 人，贵人 10 人，常在 9 人，答应 9 人。敬敏皇贵妃原本和妃嫔们葬在一起，后来移葬在景陵地宫内。景陵妃园寝正中是温僖贵妃，景陵双妃园寝葬抚育过乾隆的康熙妃嫔悫惠皇贵妃和惇怡皇贵妃。

康熙去世之前，他的两位皇后已经安葬在景陵地宫。康熙安葬之后，他的嫔妃们也就陆陆续续地安葬过来。于是，一座帝陵就安葬了如此众多的嫔妃。

清高宗乾隆裕陵

乾隆皇帝爱新觉罗·弘历，是雍正帝第四子，也是清帝国入关后第四位皇帝。乾隆帝确为一代雄主，也是一个很有福气，也很会享福的帝王。他晚年时曾深深陶醉于同历代帝王的比较中，认为不但"得国之正，扩土之广，臣服之普，民庶之安"罕有人能相比，甚至连在位时间、年寿、子孙数目等方面自己都是数一数二。封建制度在乾隆掌权下达到了历史巅峰。他在位时期，平定新疆、蒙古，还使四川、贵州等地继续改土归流，人口不断增加，突破了3亿大关，约占当时世界人口的1/3，开创了中国封建社会最后一个盛世——"康乾盛世"，强大的中国屹立于世界的东方。他的时代，是中国封建政治、经济、文化诸方面经过漫长沉淀之后的集大成的时代，他个人也成为这一切的总代表。

乾隆皇帝登极后，本想跟随父亲，也在西陵选择万年吉地，以示孝敬。他在西陵选好一块吉地后，又考虑到后世子孙对此事如何承继安排。如果子孙们都效法他，眷恋父子之情，相继葬入西陵，则东陵势必香火冷落，园寝荒芜。为兼顾两陵关系，他便在东陵的胜水峪选了万年吉地。自乾隆以后，清朝皇帝形成了父在东陵、子在西陵的分葬局面，称为"兆葬之制"。

以顺治的孝陵为轴心，孝陵以西的胜水峪就是乾隆的裕陵。他的皇陵，工精料美，富丽堂皇，雄伟与豪华程度已不必多言。且不说他陵前神路上石像生的数量超过了康熙的景陵，单是陵寝门前小小玉带桥的奢华与精美，在历代皇陵中就可谓独树一帜了。陵墓始建于乾隆八年（1743年），乾隆十七年告竣，耗银200多万两。

清东陵地宫对外开放的共有4座，除慈禧的一座之外，其余3座都

裕陵的五供、方城、明楼

在裕陵体系中。这就使我们有可能进入乾隆的葬身之所，去探究他在人生旅途的终止处所表现出的对生命的理解与追求。裕陵地宫对外开放至今已经几十年了，仍然充满着神秘色彩，存在着许多不解之谜。

裕陵明堂开阔，建筑崇宏，工精料美，气势非凡，自南向北依次为圣德神功碑亭、五孔桥、石像生、牌楼门、一孔桥、下马碑、井亭、神厨库、东西朝房、三路三孔桥及东西平桥、东西班房、隆恩殿、三路一孔桥、琉璃花门、二柱门、祭台五供、方城、明楼、宝城、宝顶和地宫，其规制既承袭了前朝，又有展拓和创新。

石像生设置 8 对，比其祖父康熙帝的景陵多了麒麟、骆驼、狻猊各一对，虽数量少于孝陵，但种类却与孝陵一样。裕陵大殿东暖阁辟为佛楼，供奉各式佛像及大量珍宝。以后帝陵纷纷效仿，成为定制。陵寝门前的玉带河上建有 3 座规制相同的一孔拱桥，龙凤柱头栏杆，桥两端以靠山龙饯住望柱。这三座拱桥造型优美，雕工精细，在清陵中仅此一例。

　　地宫内布满了精美的佛教题材的雕刻：三世佛、五方佛、八大菩萨、四大天王、二十四佛、狮子、八宝、法器、佛花以及 3 万多字的藏文和梵文经咒，雕法娴熟精湛，线条流畅细腻，造型生动传神，布局严谨有序，堪称"庄严肃穆的地下佛堂"和"石雕艺术宝库"。

　　裕陵的这些特征既是乾隆皇帝好大喜功、笃信佛教个人意志的体现，也是处于鼎盛时期的清王朝综合国力的反映。

　　裕陵地宫内葬乾隆皇帝，孝贤、孝仪两位皇后，慧贤、哲悯、淑嘉 3 位皇贵妃，共计 6 人。

　　裕陵妃园寝是乾隆皇帝的后妃陵寝所在地，位于裕陵西侧。始建于乾隆十二年（1747 年），乾隆二十五年（1760 年）又进行了大规模的续建，二十七年（1762 年）完工。裕陵妃园寝初称妃衙门。建有一孔拱桥及平桥、东西厢房、东西值班房、大门、燎炉、享殿、琉璃花门、宝顶，环以红墙。乾隆二十五年（1760 年），因乾隆帝的宠妃纯惠贵妃薨，乾隆帝下令改建妃园寝，增建了东西配殿（各五间）和方城、明楼、宝城；把 3 座园寝门及两侧的面阔墙拆除，改建到享殿两旁。改建工程于乾隆二十七年告竣，直接动用白银 134,004.303 两。

　　裕陵妃园寝内葬乾隆皇帝的一位皇后、2 位皇贵妃、5 位贵妃、6 位嫔、12 位贵人、4 位常在，共计 36 人。其中较著名的人有：乌拉那拉皇后、纯惠皇贵妃、庆恭皇贵妃陆氏、容妃等。

　　裕陵妃园寝是清代妃园寝中规制较高的一座，显现了清一代鼎盛时期的特色。

清西陵（中国）

　　清西陵属全国重点文物保护单位，位于河北省易县梁各庄西。

　　清西陵是一片丘陵地，周围群峦叠嶂，树茂林密，风景极佳。东有2000多年前的燕下都故城址，西望雄伟的紫荆关，北枕高耸挺拔的永宁山，南傍滔滔东流的易水河。

　　清西陵是清朝帝王两大陵寝之一，离北京120多千米，周界约100千米，面积达800余平方千米。这里古木参天，景态雄伟。雍正八年（公元1730年）选此为陵址。雍正的陵址本来是选在清东陵九凤朝阳山，但他认为"规模虽大而形局未全，穴中之土又带砂石，实不可用"，因而将原址废掉，命另选"万年吉地"。选陵址者奏称，易县永宁山下是"乾坤聚秀之区，阴阳汇合之所，龙穴砂水，无美不收。形势理气，诸吉兼备。"雍正皇帝览奏后十分高兴，也认为这里"山脉水法，条理详明，洵为上吉之壤"。自此，清各代皇帝便间隔分葬于遵化和易县东、西两大陵墓。西陵自雍正八年（公元1730年）首建泰陵，至公元1915年光绪的崇陵建成，历经186年。共建有帝陵4座，后陵3座，王公、公主、妃嫔园寝7座，埋葬着雍正、嘉庆、道光、光绪4个皇帝，9个皇后，56个妃嫔及王公、公主等共80人。建筑面积达5万多平方米，共有宫殿1000多间，石雕刻和石建筑100多座，构成了一个规模宏大、富丽堂皇的古建筑群。

　　清西陵有规模宏大、体系完整的古建筑群，是一处环境幽雅、风景

秀丽的游览胜地。在面积 100 平方千米的陵区内，有华北地区最大的人工古松林。从建陵开始，清王朝就在永宁山下、易水河畔、陵寝内外，栽植了数以万计的松树，现在这里有古松 1.5 余万株，青松幼柏 20 余万株。陵区内松柏葱郁，山清水秀，14 座陵寝掩映在松林之中，若隐若现，俨然一幅绚丽的山水画。

陵区内千余间宫殿建筑和百余座古建筑、古雕刻，气势磅礴。每座陵寝严格遵循清代皇室建陵制度，皇帝陵、皇后陵、王爷陵均采用黄色琉璃瓦盖顶，妃、公主、阿哥园寝均为绿色琉璃瓦盖顶，这些不同的建筑形制展现出不同的景观和风格。

西陵周边近 100 千米，外围原有红、青、白三层界桩，每层之间距 5 千米，界桩以外还有官山，不许老百姓涉足。为了加强陵区的管理，设立了一套机构。众多建筑均有彩画与雕刻，陵区宫殿多施旋子彩画，庙宇牌坊多施和玺彩画，行宫、住宅多施苏式彩画。在陵区雕刻中，为数最多的是龙凤。整个建筑群反映出了我国古代建筑艺术发展的高度水平和浓郁的民族风格，充分体现了我国劳动人民的杰出智慧和创造才能，是祖国极其珍贵的文化瑰宝。

2000 年 11 月，清西陵与清东陵一起，被第 24 届世界遗产委员会列为世界文化遗产。

清世宗雍正泰陵

泰陵是清朝入关以后第三代皇帝雍正的陵墓，也是清西陵中建筑最早、规模最大、体系最完整的一座帝陵，坐落在河北省易县永宁山下。整个陵寝占地 8.47 公顷，分前后两个部分，前部分是门、坊、碑、亭，后部分主要是殿宇和地下宫殿。

一座飞虹跨溪的五孔石拱桥是泰陵最前面的建筑，这桥有 10.94 米宽，87 米长，拱高 4.9 米，由长方形青白石建成。蜿蜒曲折的北易水从桥下流过，春夏秋冬，严寒酷暑，碧水长流，清幽可爱，风光优美

陵寝

诱人，像一幅山水画卷。

五孔桥北，有巍峨高大雕工精美的 3 座石牌坊，一座居中横跨神道，二座稍后分列左右，矗立于大红门外广阔的原野上，历经 260 年的风雨沧桑，雄姿不减当年。

大红门是西陵的总门户，门有 3 洞，设东西便门各一，高大的门楼，朱红的围墙，宏伟的殿顶把大红门装点得雄姿挺立，气象万千。

按照先例，雍正的陵寝应该建在遵化县清东陵界内，与其父亲康熙为伴。因此，他曾经把东陵九凤朝阳山选为自己的万年吉地，但最后雍正并没有在那里建陵，而在易州另辟陵区。对此事后人众说纷纭，一说雍正改调篡位，葬于康熙景陵旁心虚不安；二说世宗（庙号）好大喜功，杀戮成性，居功自傲，另辟陵区为突出自己。这两种说法与史实是不相吻合的。但他为什么要迁陵呢？据《工科史书》记载，为了废掉九凤朝阳山陵址，雍正曾传谕："此地近依孝陵、景陵，与肤初意相合，及精通堪舆之人再加相度，以为规模虽大，而形局末全，穴中之士又带砂石，实不可用。"所以，雍正派亲王允祥和两江总督高其倬另选陵址。
到易州太平峪，允祥等认为是"坤聚秀之区，阴阳交汇之所，龙穴砂石
无美不收，山脉水法条理详明，形势理气诸吉咸备，洵为上吉之壤。"
雍正阅览奏折后传谕："但于孝陵、景陵相去数百里，且与古帝制典礼
有无未合之处？著大学士九卿详悉会议，具奏。"大学士和九卿查阅史
料，列举禹、汉、唐等朝帝王远离祖先另辟陵区的事实后上奏："今太
宁山太平峪万年吉地，虽于孝陵、景陵相去数百里，易州及遵化州地界
与京师密迎，同居畿辅，并列神州，其地实未遥远。"据此，雍正决定
在易州太平峪建陵。从雍正八年（1730年）开始营建，历经8年后于
1737年竣工，命名为泰山陵，简称泰陵。

　　雍正陵寝取名为"泰陵"，是因为"循理安舒曰泰，临政无慢曰
泰"。雍正对康熙后期吏治废弛、贪污横行的弊端十分憎恶，他继位后，
严明法纪，严惩贪污，稳定了社会秩序，发展了生产力，使清朝呈现出

墓前精美石雕

国泰民安的繁荣景象，为乾隆盛世的出现打下了坚实的基础。所以他的陵寝用泰字命名是恰当的。

纵观雍正的一生，他是我国历史上勤政的皇帝之一。为颂扬他的功劳，于乾隆二年6月在大红门北面建筑了一座圣德神功牌楼，高26.05米，黄琉璃瓦盖顶，碑楼内地面中心有巨石台基，雕有寿山福海和鱼鳖虾蟹，石基上卧巨型石雕赑屃（bìxì）一对，各驮石碑一通。碑帽皆伏缠浮雕龙4条。碑额有"大清泰陵圣德神功碑"字样，碑身镌刻着满、汉两种文字，颂扬雍正的功德。在碑楼外的广场上，四角各有石雕华表一根，高达12米。华表亦称"恒表"，古代用以表示王者纳谏或指路的木桩，而设在陵墓前的又名"墓表"。4根墓表顶部，各蹲有石雕怪兽一尊，名曰望天吼，据说寓意是"望君出，盼君归"，劝祭祀的君主及时回朝治理政务。墓表通身浮雕巨龙盘绕向上，加之如意云朵、云板，颇为壮观。

过了圣德神功碑楼，是清西陵最大的一座桥梁——七孔石拱桥和石像生。五对石像生分别是狮子、大象、骏马和文臣武将。这些石雕动物和人物以对称的形式分别排列在神道两旁，象征着皇帝的仪仗队守卫在陵前。

穿过石像生，走过龙凤门，经两座三孔石桥，便进入宫殿区。首先映入眼帘的是一座神道碑亭，内有赑屃驮碑一通，碑面镌刻着皇帝的庙号、谥号和徽号。再往北是隆恩门，门内，宏伟壮观的隆恩殿居中，东西配殿分列两旁，与隆恩门构成一个宽敞的四合院部局，给人一种庄严肃穆的感觉。西配殿是喇嘛念经的地方。隆恩殿是陵区内最大的殿室，有3间暖阁。中间为明间，挂帷幔，供奉帝、后牌位。西暖阁内安置宝床，床上设檀香宪座，供奉妃嫔牌位。

泰陵后寝院内还有二柱门、石五供、方城、明楼、宝城、宝顶、地宫等建筑。石五供是皇家女眷祭祀的地方，供台分上下两部分，上部有石香炉一樽居中，两侧各有石花瓶、石蜡扦分列，共计三种五样供品，均用青白石雕成，故称"石五供"。供座是由两块巨石雕成的须弥座，须弥座周围有很多精美的雕刻图案，如传说中的"八仙"图案等。

石五供祭台之北，屹立着方城、明楼，是整个陵区最高的建筑物。雄伟壮观的方城，把精巧多姿的明楼高高托起，镶嵌在湛蓝的晴空里，构成一幅美丽的图画。明楼内有石碑一通，碑基为须弥座，游龙浮雕，施有五彩，碑身以朱砂涂面，碑面用满、汉、蒙3种文字刻着"世宗宪皇帝之陵"字样。方城两边有高大的城墙，绕墓一周叫宝城。宝城中间隆起的巨大土丘，便是雍正皇帝的坟墓，名字叫宝顶。泰陵宝顶面积为3600多平方米，在西陵诸宝顶中面积最大。宝顶下面便是工程浩大的地下宫殿。地宫内除埋葬着雍正皇帝外，还附葬着孝敬宪皇后和敦肃皇贵妃。

清仁宗嘉庆昌陵

昌陵是嘉庆皇帝爱新觉罗·颙琰和孝淑睿皇后喜塔腊氏的陵寝，位于泰陵以西1千米，以一条神道与泰陵相接，是西陵中唯一有神道与

昌陵全景

主陵相接的陵墓。嘉庆皇帝为乾隆皇帝第十五子，在位 25 年（1796
年～1820 年）。乾隆皇帝曾立过两位太子，但都因出天花而夭折，遂改
立由妃子生的颙琰。嘉庆即位后不久，惩办了乾隆皇帝的宠臣——大贪
官和珅，对当时朝中大大小小的贪官污吏起到了极大的震慑作用。

　　昌陵的建筑形式与布局，跟泰陵基本一致，其豪华富丽亦不亚于泰
陵。隆恩殿大柱包金饰云龙，金碧辉煌。地面用贵重的花斑石墁地，黄
色的方石板上，带有紫色花纹，光滑耀眼，好像满堂宝石，别具特色，
素有"满堂宝石"之称。昌陵有清朝建立的最后一座圣德神功碑亭，此
后清朝皇帝各陵均不建圣德神功碑亭。

　　1796 年（嘉庆元年），清朝入关后第五代皇帝仁宗爱新觉罗·颙琰
即位。他遵循父亲的依昭穆次序在东陵、西陵界内分建陵寝的制度，在
泰陵之西 1000 米处选定了陵址，于当年开始兴建，到 1803 年（嘉庆八
年）完工。工程结束后，陵寝定名为"昌陵"。这是清西陵营建的第二
座皇帝陵寝。与此同时兴建、同时完工的还有嘉庆皇帝 17 位嫔妃的园

墓间神道

寝——昌妃园寝。

昌陵规模与秦陵不相上下。除具服殿外，其他建筑石雕，从前面的神道到最后的宝城，一应俱全。但昌陵的宝城比泰陵还高大。昌陵有一回音壁，回音效果绝妙无比，可与北京天坛的回音壁相媲美。

昌陵西边是昌西陵和昌妃园寝，分别葬着孝和睿皇后和妃嫔等人。

清宣宗道光慕陵

清宣宗道光的陵寝称慕陵，建于道光十二年（1832 年）至十六年（1836 年）。

起初道光的陵寝设在清东陵，陵寝本着道光追求节俭的精神，取消了二柱门、地宫瓦顶、内刻经文、佛像等部分，大殿、碑亭、石像生体量也小了。道光七年完工，且葬入了孝穆皇后，殊不料一年后发现地宫渗水一尺七寸，道光震怒之下，将全部陵寝夷为平地。道光不顾乾隆定下的祖宗昭穆相间的定制，改在清西陵选址重建陵寝。该陵设计上更加刻意求简，仅有建筑 27 座，占地 45.6 亩，比泰陵缩小近 80 亩。但其实外"俭"内"奢"，其用料材质异常精美，围墙采用磨砖对缝、干摆灌浆工艺到顶，不涂红挂灰，改变了传统的上身糙砌灰砖，刷红浆，下肩干摆的做法，加之两建一拆的经历，道光建陵耗资超过了西陵任何一座陵墓。

慕陵的特点是规模小，没有方城、明楼、大碑亭、石像生等建筑，但其工程之坚固，则超过泰、昌二陵。整个围墙，磨砖对缝，干摆灌浆，墙身平齐结实。

慕陵神道放弃与泰陵相接，最南端是一座五孔桥。因为鸦片战争的失败，道光帝"愧对祖宗""愧对天下百姓"，遂下令取消了歌功颂德的圣德神功碑和石像生。五孔桥之北即龙凤门，与孝陵、泰陵、昌陵相同，但略小。龙凤门以北建有下马碑东西各一座。神道碑亭体量较小，石碑正面刻有宣宗谥号，背面按照道光的遗嘱，刻有咸丰帝亲自撰写的记述宣宗一生事迹的碑文，这在清陵中绝无仅有，其实是兼有圣德神功碑的作用。

神道碑亭往北，是神道桥。慕陵没有按照三路三孔的惯例，而是变成了一路拱桥，东西两侧各有一平桥。桥北东西朝房各一座，前出廊，面阔3间，但进深缩小为两间。朝房之北各有一座班房。

隆恩门建在石质须弥座上，台面铺金砖，面阔5间，黄琉璃瓦单檐歇山顶，中开大门三道，门内燎炉已无。东西配殿较小，面阔仅3间，进深两间，前出廊，单檐歇山顶。

慕陵功德牌坊

隆恩殿的建筑工艺精巧，大殿全用珍贵的金丝楠木建造，不饰油彩，保持原木本色，打开殿门，楠木香气扑鼻而来。天花板上每一小方格内雕绘有龙，而且檩枋、雀替，也雕上游龙和蟠龙。这些龙都张口鼓腮，喷云吐雾。据说，这都是道光本人的主意。道光认为，原在东陵所建地宫浸水，可能是群龙钻穴、龙口埝水所致。如果把龙都移到天花板

慕陵明楼

上去，就不会在地宫吐水了。于是，他命千百个能工巧匠，用金丝楠木雕成许许多多的龙，布满天花藻井，造成"万龙聚会，龙口喷香"的气势。

隆恩殿一改面阔 5 间的惯例，缩为 3 间，进深也 3 间，改重檐歇山顶为单檐歇山顶。殿四周设有回廊，

裁撤了月台和大殿周围的栏板和雕龙头，月台上仅设铜炉两尊，不设鹿、鹤。月台东西两角有石幢和嘉量各一座。大殿正面 3 间都开门，殿东西两侧中间开门，其余为砖墙封闭。隆恩殿共有天花板 856 块，每块天花板和殿外装修的裙板、绦环板、雀替等处都是用高浮雕和透雕、浅浮雕相结合的手法雕刻上姿态各异的云龙、游龙和蟠龙（仅隆恩殿内就有木雕龙 714 条），3 殿共有木雕龙 1318 条，成为清代帝王陵寝中独具风格的艺术珍品，只有承德避暑山庄淡泊敬诚殿与之相同。楠木硬度极高，故迄今不用修缮。隆恩殿内北部有 3 座暖阁，中暖阁供奉道光帝神牌，西暖阁供奉 3 个皇后的神牌，东暖阁存放谕旨。

清光绪帝崇陵

崇陵位于泰陵的东南面约 4 千米的金龙峪，是我国现存帝陵中最后的一座。宣统元年（1909 年）破土兴建，民国四年（1915 年）竣工。崇陵的建筑物数量与规模，完全依照同治的惠陵。建筑工巧，陵园仪树中有罕见的罗汉松和银松。地宫中合葬着光绪帝和他的隆裕皇后。

光绪帝名载湉，爱新觉罗氏。其父是道光皇帝的第七子醇亲王，其母叶赫那拉氏，是慈禧太后的胞妹。同治帝病故后，由慈禧太后做主，

崇陵妃园陵

指定载湉继承皇位。

光绪登基时，正值清朝面临内忧外患，营造陵寝的工程不能如期破土动工，一直拖延到 1908 年光绪皇帝驾崩后，1909 年才由宣统朝着手操办。修建期间，清朝已走向灭亡，宣统皇帝与隆裕皇太后退位，向中华民国政府提出要求："德宗崇陵未完工程，如制妥修，其奉安典礼，仍如旧制，所有实用经费，均由中华民国支出。"当时，南京临时政府的议和代表及各省都督，对清室要求宽大应许。

崇陵始建于 1909 年，陵址名叫金龙峪。其规模虽不如雍正、嘉庆的陵墓那样庞大，没有大碑亭、石像生等建筑，但它除继承清代建陵规制，参照咸丰帝定陵、同治帝惠陵的风格外，又吸收了古代建筑技术的某些精华，仍具有它的特色。整个陵寝根据守卫和祭祀的需要，建筑了五孔桥、巡房、牌楼门、神厨库、三路三孔桥、朝房、班房、隆恩门、燎炉、配殿、隆恩殿、三座门、石五供、方城、明楼、宝顶、地宫。为了增强排水性能，每个宫殿基部都建有 2 米宽的散水，明楼前和三座门前分别挖砌了御带河，地宫内凿有 14 个水眼与龙须沟相通。隆恩殿木

料均为异常珍贵的铜藻、铁藻，质地坚硬无比，用这种木料制作一把普通太师椅，重量竟高达百余斤，所以隆恩殿被誉为"铜梁铁柱"。且梁架之间增加了隔架料，既能托顶，又使殿内更加美观。隆恩殿内的四根明柱，底部有海水江涯图案，柱身为一条金龙盘绕向上，较其他帝陵的宝相花更加富丽堂皇。

光绪驾崩时，陵还未建，他的梓宫（棺椁）在故宫观德殿暂安。

1909 年 3 月，光绪的棺椁又由观德殿迁往西陵梁各庄行宫停放。一路起落，共耗银 438，400 多两。虽然北京至西陵当时已通火车，但光绪棺椁仍用人抬。前面有卫兵开道，随后是宣统皇帝和王公大臣，后面还有隆裕皇后、瑾贵妃等，最后是 1400 多辆轿车。棺椁抬至阜城门，仅 10 里远，就撒掉纸钱 1000 斤，用银 260 两。北京至西陵行程 120 千米，抬杠夫每天分为 60 班，每班 128 人，轮流抬着棺椁艰苦行进。沿途支搭三宿芦殿，耗银 29,000 两。经过四天三夜，才把光绪的棺椁运到梁各庄行宫，安放于正殿之中。

1913 年崇陵在金龙峪建成，11 月 16 日申时，光绪的棺椁才正式安放于崇陵地宫之中。

1913 年病逝的隆裕皇后也同葬地宫。

在光绪的棺椁正式安放崇陵地宫之际，清朝的遗老遗少还在这座帝王陵前，演出了一幕极尽愚忠的闹剧。光绪的老师梁鼎芬是比较典型的一位，他在崇陵的修建过程中，经常到工地瞻祝，为工程的修建筹款募捐。在为光绪送葬时，他由两个亲随搀扶着在陵前执绋（牵引灵枢的大绳），从行宫一直走到下宫殿。当人们将棺椁、随葬品布置妥当退出地宫后，唯有梁鼎芬疯疯癫癫地坐在地宫内预备给光绪殉葬。后被其亲随背出，才算完事。

尽管清廷的遗臣为修建崇陵费尽心思，光绪还是没有能够在他的地下寝宫里平安地长眠下去。1931 年军阀混战时期，一伙不明身份的兵匪盗掘了崇陵地宫，多数随葬品被劫走。1980 年 6 月，经政府批准，

崇陵地宫

清西陵文物管理处开启地宫，清理整修，供国内外游客参观。这座地宫墓道全长 63.19 米，是无梁无柱的石拱券式建筑，共有 4 道石门、9 座券。门楼、门垛、门框、门簪均用青白石做原料，雕有瓦脊、瓦垄、花瓶等图案。每道石门上都有巨大的铜铸门管扇，8 扇石门上分别雕有八大菩萨立像。金券内有宝床，宝床正中有金井，光绪皇帝和隆裕皇后的棺椁停放在宝床上。棺椁周围有用五彩绘制的龙山石 16 块，宝床前东西各有石座两个，座上有香箱，是存放"册""宝"用的。这座地宫虽已被盗，但仍出土珠宝玉翠等文物数百件。

中山陵（中国）

中山陵是中国近代伟大的政治家、伟大的革命先行者孙中山先生（1866年~1925年）的陵墓及其附属纪念建筑群。中山陵坐北朝南，面积共8万余平方米，中山陵的主要建筑有：牌坊、墓道、陵门、石阶、碑亭、祭堂和墓室等，排列在一条中轴线上，体现了中国传统建筑的风格。

南京中山陵景区，古称金陵山，紫金山共有三座东西并列的山峰。屹立在城东郊，是宁镇山脉中支的主峰。东西长7千米，南北最宽处4千米，周围绵延10余千米。巍巍钟山，青松翠柏汇成浩瀚林海，其间掩映着两百多处名胜古迹。

钟山风景区是我国著名风景名胜区，主要景区有：中山陵景区、明孝陵景区、梅花山、灵谷寺景区、紫金山天文台、中山植物园、北极阁气象台、鸡鸣寺等，还包括玄武湖、环湖的富贵山、九华山、小红山和城墙、城堡，这里集中了28处市级以上的文物保护单位。

中山陵依山而筑，坐北朝南，西邻明孝陵，东毗灵谷寺，岗峦前列，屏障后峙，气势磅礴，雄伟壮观。伟大的革命先行者孙中山先生的灵柩于1929年6月1日奉安于此。墓地全局呈"警钟"形图案，其中祭堂为仿宫殿式的建筑，建有三道拱门，门楣上刻有"民族，民权，民生"横额。祭堂内放置孙中山先生大理石坐像，壁上刻有孙中山先生手书《建国大纲》全文。

中山陵自 1926 年春动工，至 1929 年夏建成。面积共 8 万余平方米。主要建筑有：牌坊、墓道、陵门、碑亭、祭堂和墓室等。从空中往下看，中山陵像一座平卧在绿绒毯上的"自由钟"。山下中山先生铜像是钟的尖顶，半月形广场是钟顶圆弧，而陵墓顶端墓室的穹隆顶，就像一颗溜圆的钟摆锤。

中山陵

当时，孙中山先生的葬事筹备处广泛征集陵墓设计方案。结果，建筑师吕彦直设计的"自由钟"式图案荣获首奖。吕彦直还被聘请为陵墓总建筑师。这组建筑，在型体组合，色彩运用，材料表现和细部处理上，都取得很好的效果，色调和谐，从而更增强了庄严的气氛。

陵墓入口处有高大的花岗石牌坊，上有中山先生手书的"博爱"两个金字。从牌坊开始上达祭堂，共有石阶 392 级，8 个平台。台阶用苏州花岗石砌成。

祭堂为中山陵主体建筑，融中西建筑风格于一体，高29米，长30米，宽25米，祭堂南面三座拱门为镂花紫铜双扉，门额上分别刻有：民族、民权、民生。中门上嵌有孙中山先生手书"天地正气"直额。祭堂中央供奉中山先生坐像，出自法国雕塑家保罗·朗特斯基之手，底座镌刻六幅浮雕，是孙中山先生从事革命活动的写照。

祭堂东西护壁大理石刻着中山先生手书的遗著《建国大纲》。堂后有墓门二重，两扇前门用铜制成，门框则以黑色大理石砌成。上有中山先生手书"浩气长存"横额。二重门为独扇铜制，门上镌有"孙中山先生之墓"石刻。进门为圆形墓室，直径18米，高11米。中央是长形墓穴，上面是中山先生汉白玉卧像，下面安葬着孙中山先生的遗体。墓穴深5米，外用钢筋混凝土密封。

中山陵前临苍茫平川，后踞巍峨碧嶂，气象壮丽。音乐台、光化亭、流徽榭、仰止亭、藏经楼、行健亭、永丰社、仰止亭、中山书院，等纪念性建筑，众星捧月般环绕在陵墓周围，构成中山陵景区的主要景观，不仅寄托了海内外捐赠者对孙中山先生的崇高敬意和缅怀之情，而且都是建筑名家之杰作，具有极高的艺术价值。

1925年3月12日，孙中山在北平逝世。有遗嘱："吾死之后，可葬于紫金山麓，因南京为临时政府所在地，所以不忘辛亥革命也。"（根据胡汉民的说法，孙中山还曾说过"他日我辞世后，愿向国民在此乞一抔土，以安置躯壳尔。"）遵照孙先生遗愿，灵柩暂厝于北平香山碧云寺内，在南京钟山修建陵墓。

毛主席纪念堂位于天安门广场，坐落在原中华门旧址，1976 年举行奠基仪式，1977 年 5 月落成。

毛主席纪念堂（中国）

　　毛主席纪念堂位于天安门广场，人民英雄纪念碑南面。坐落在原中华门旧址，1976 年举行奠基仪式，1977 年 5 月落成，占地 57000 多平方米，总建筑面积为 28000 平方米。主体呈正方形，外有 44 根福建黄色花岗石建筑的明柱，柱间装有广州石湾花饰陶板，通体青岛花岗石贴面。屋顶有两层玻璃飞檐，檐间镶葵花浮雕。基座有两层平台，台帮全

毛主席纪念堂

部用四川大渡河旁的枣红色花岗石砌成，四周环以房山汉白玉万年青花饰栏杆。南、北门台阶中间又各有两条汉白玉垂带，上面雕刻着葵花、万年青、腊梅、青松图案。

纪念堂是主体建筑，由三部分组成。台基：高 4 米，边长 105.5 米。台基上有大方柱 44 根，断面 1.5 米，高 17.5 米。台基四周是用来自大渡河畔的枣红色花岗石彻起。上面汉白玉栏板上，雕刻着象征江山永存的万年青。1976 年 11 月 24 日奠基典礼时所埋的基石就在此台基下。基石周围砌进了来自珠穆朗玛峰的石头和浇灌了台湾海峡的水。进北面正门即北大厅，宽 34.6 米，进深 19.3 米，高 8.5 米。厅内有 1 米见方的大柱 4 根，顶上葵花灯 110 盏，地面铺杭州名产灰大理石。迎面有 3 米高的毛主席塑像，像背后为巨幅山河图，高 7 米，长 24 米。这里是举行纪念活动的地方。由北大厅南侧的金丝楠木大门进去，即是瞻仰厅。水晶棺距地面 80 厘米，围以万紫千红的山花，簇拥着由黑色花

毛主席纪念堂内景

岗石砌成的梯型棺座，四周嵌着党徽、国徽和军徽。瞻仰厅之南为南大厅，汉白玉石墙上镌有毛主席的《满江红》词。三个大厅的东西两侧是休息厅和老革命家纪念室。纪念堂的全部工程仅用了 6 个月，1977 年 5 月 24 日主体工程完工，8 月底全部竣工，9 月 9 日正式开放。

纪念堂开放主要厅室

①北大厅。正中是毛泽东汉白玉座像，总高 3.45 米。背景是一幅《祖国大地》绒绣，宽 23.74 米，高 6.6 米。大厅里的 4 根方柱，柱体是江苏无锡奶油红大理石，柱端采用天山白色大理石作衬托。地面铺杭州灰色大理石。天花板上装 110 盏玻璃葵花灯。

②瞻仰厅。正中间的水晶棺中，安放着毛泽东遗体。毛泽东身着灰色中山装，覆盖着中国共产党党旗。水晶棺基座用泰山黑色花岗石制成，棺座四周分别镶着金饰党徽、国徽、军徽和毛泽东的生卒年份。水晶棺周围是君子兰和玻璃栏杆。大厅正面的汉白玉墙面上，镶着 17 个鎏金隶书大字"伟大的领袖和导师毛泽东主席永垂不朽"。

③毛泽东、周恩来、刘少奇、朱德、邓小平、陈云同志革命业绩纪念室。通过大批文物、文献、图片、书信，反映了六位领导人在创建中国共产党、缔造人民军队、创建中华人民共和国、领导社会主义建设等方面的丰功伟绩。据统计，6 个纪念室共陈列文物 102 件、图片 490 张、文献 224 件。在陈列形式上，采用了较先进的制作材料和制作工艺。每个纪念室都增设了等离子超薄电视和电子资料触摸屏，可播放展现伟人风采的资料片，调阅反映伟人思想、风范的格言。

④电影厅，在二楼电影厅，可观看纪录片《怀念》。这部 20 分钟的影片，采用浓缩的手法和生动的画面，展示了毛泽东、周恩来、刘少奇、朱德、邓小平、陈云这一革命领袖群体为中国人民的解放事业和社会主义建设事业所建立的丰功伟绩，再现了他们同人民群众在一起的感人场面。

⑤南大厅，是出口大厅。大理石墙面上，镌刻着毛泽东诗词《满江

红·和郭沫若》手迹，字体全部是银胎鎏金。下边摆着 10 盆五针松，花盆用云南特有的绿色彩花大理石制成，并利用它的天然纹理磨制成韶山、井冈山、金沙江、大渡河、雪山、草地、延安、长城等图景。

纪念堂四周是以苍松翠柏为主的绿化带。树种有北京油松、青岛雪松、桧松和白皮松；还有 36 株房山红果树，13 株延安青松。北门和南门外的东西两侧，各有一组长 15 米、高 3.5 米的群雕。

邓小平、陈云同志革命业绩纪念室是为纪念中国共产党建党 80 周年，经中央批准在毛主席纪念堂增设的。同时对 1983 年建成的毛泽东、周恩来、刘少奇、朱德同志革命业绩纪念室的陈列内容和形式进行调整和补充，使纪念堂成为缅怀以毛泽东、周恩来、刘少奇、朱德、邓小平、陈云为代表的老一辈无产阶级革命家革命业绩的重要场所，成为对广大人民群众特别是青少年进行革命传统教育、爱国主义教育和社会主义教育的重要基地。

毛主席纪念堂增设纪念室工程和调整布展内容的工作是从 1999 年 7 月开始的。新增和调整后的毛主席纪念堂 6 个纪念室的陈列已于 2001 年 7 月 1 日正式开放。纪念堂陈列、收藏中国当代名家书画的艺术殿堂，收藏有二千多种书画作品。

全日本，全世界最大的前方后圆坟。以建筑高大闻名，动用的总土方约 1,405,866 立方米，是名符其实的"大坟"。

仁德天皇陵（日本）

中国最大的帝陵——秦始皇陵规模之宏伟可以说蜚声五洲，然而，一些日本史学者却认为，有一座坟墓，其宏大就连秦始皇陵也不能及，它就是日本独具特色的前方后圆坟中的巨无霸——仁德天皇陵。因为这种前方后圆坟是除了日本之外其他国家绝对没有的特产，所以仁德天皇陵是全日本，也是全世界最大的前方后圆坟。

仁德天皇别名大鹪鹩尊，大雀命，生卒年不详，是应神大王的王子。大约在公元 4 世纪后期至 5 世纪前期在位，这期间正是大和朝廷统一国家的鼎盛时期。

大和国家兴起于 3 世纪中叶以后的大和（今奈良县）。3 世纪时，日本列岛已有许多小国，但是都各自为政，其中较大的是邪马台国。邪马台衰落后，后崛起的大和国逐渐扩大领土，5 世纪时，基本上统一了日本列岛。大和国是各地臣氏族贵族的联合政权，首领称大王（后之天皇），是世袭君主，但还没有绝对权力，实际上是氏族贵族的共主。大和时期创造的文明成为日本文化的源头，所以日本人骄傲地称自己为"大和民族"，就如中国人说自己是"炎黄子孙""华夏民族"一样。

大和政权时期，日本的天皇贵族以及豪门大户，普遍以为自己建造高大的坟墓为荣。因而历史上把这个时期（公元 3 世纪后半叶～7 世纪）称为"古坟时代"，这是日本继绳文式文化、弥生式文化之后的又一个文化阶段。

锁眼形的仁德天皇陵

　　古坟的特点是堆土成丘，在坟丘中埋石室，放置棺木以安葬死者。坟内埋有大量的金银器、铜器、玉器等珍贵的随葬品，坟丘上部及周围排列着许多埴轮。

　　根据古坟堆土的形式，有圆坟、方坟、前方后圆坟、上圆下方坟等等的区别，其中以前方后圆坟的规模最为雄伟，形状也十分优美，再加上它是国外没有而日本独具的形式，所以可以把它称为日本高冢式古坟的代表。前方后圆坟的鼎盛阶段出现在古坟发展的中期。这一时期，高冢林立，形象地反映着当时大和政权的兴盛和大王的权威。仁德天皇陵便是这一潮流的代表并高踞峰巅。

　　仁德天皇陵位于大阪府市大仙町。相传建于 5 世纪初。直径长 475 米，前方部宽 300 米，高 27 米；后圆部长 245 米，高 35 米。整座陵墓面积达 48 万平方米。陵墓周围环绕着圆筒形、牵牛花形以及家屋、犬马、女子、水

鸟等形状堆的埴轮和葺石。坟外有 3 重壕沟，周围有 10 多座陪葬墓。1872 年坟丘的方形部分崩坏，露出了横穴式石室，内有石棺，棺外有鎏金铜甲胄、刀、玻璃器等；此外，还出土了铜镜、环形大刀、马铎等器物。

这些随葬品，种类之所以如此广泛，是出于这样的考虑：为了不让死后的生活有什么不便之处，要尽量把死者生前使用的物品多多益善地装入棺内。

至于坟墓外部设置的家屋、犬马、女子等土俑究竟代表什么意思，并不明确。比较有力的说法是：古坟在当时也是祭祀的场所，人们在这里举行仪式以拜谒祖灵，所以房屋、器具等土俑是作为常设的装饰性的东西放在那里的，而人形土俑则是用来表示参拜者。另外一种说法认为坟前摆放这些模拟房屋、器物和动物、人物形象的埴轮，其目的是炫耀死者生前的权威和享乐，并且力图把这一切全部从人世带到阴间。无论怎样，就艺术而言，这些埴轮在造型方面都达到了埴轮陶塑艺术的高峰，人物表情和动物姿态纯真、古朴、生动，显示着浓郁的日本民族风格，至今仍能引起人们亲切和喜爱的心情。可以说，土俑是日本人生活和心灵的表现，有着超越时代的强大生命力。

仁德天皇陵以大著称，不过它的大与前期古坟的大是不可同日而语的。前期的古坟比较取巧，它是利用丘陵自然隆起的圆形部分作为坟顶，又利用倾斜而又较狭的部分，把它削平、整形，使其略呈方形，作为坟首；再在坟顶上筑一竖穴，以便纳棺于其中。这就是前期古坟的代表形式。由此，我们可以看出这种坟外貌虽似高大，但是名不符实，因为它是借丘陵之高大以为高大的，因此是虚假的夸张的高大。而仁德陵则比较实在，由丘陵转到了平地，这才是货真价实的大坟，因为它是全部用人工筑成的。

为了营建出仁德陵的高大，不知有多少无名的人被迫付出了难以计量的劳动。曾有土木专家推算过，得出了下面这些惊人的数字：大坟所用的总土方约 1，405，866 立方米。这些土方如以一人之力，从平均

200 米外的地点搬运而来，当共需 1，406，000 工次，以千人之力搬运而来，当共需 4 年；以载重 5 吨的大车搬运而来，当共需 562，347 车次。然而这些还只是就坟本身的筑造工程而言，如果再加上那三重大壕和那塑烧过放在坟边、坟顶上的 2 万多件埴轮所需的人力，则其天文数字当更加惊人了，此坟确是大王权威，也是大王淫威的反映和产物。

最后还要补充的是，仁德陵的主人仁德天皇，据考证就是《宋书·倭国传》中向东晋安帝"万里修贡"（安帝义熙九年，413 年）的"倭王赞"。

江西三古坟 （朝鲜）

位于平安南道江西郡三墓里平野的江西三古坟是朝鲜民主主义人民共和国的著名古迹，它建于 7 世纪中叶，是高句丽壁画古坟中的佼佼者。高句丽是朝鲜貊族的一个支系，公元前后形成封建国家，与随后建立的百济、新罗鼎足而立，这种三国分立的局面一直持续到公元 7 世纪下半叶新罗统一朝鲜。高句丽朝的文化繁荣灿烂，古坟就是其中建筑和绘画成就的集中代表。这些古坟构造复杂，设计精密而科学，是以高度的数学和力学知识为基础的纯熟精练的艺术杰作；同时，这些古坟中的壁画，又以其丰富的内容、多样的形式及出色的艺术技巧在朝鲜绘画遗产中占有最重要的地位。迄今已发现了近 80 座高句丽壁画古坟，其中以江西三古坟的壁画最为出色，闻名遐迩。

江西三古坟由大中小三座古坟构成，成三角形排列。大墓居最南侧，叫江西大古坟，坐落在它西边的叫江西中古坟，东边的叫江西小古坟。大、中古坟里有壁画，小古坟里没有。

大古坟呈方台形，用凿得平整漂亮的花岗石砌成，直径 58 米，高 10 米，分为走廊和正室两大部分。正室的门是两扇整块巨石，走廊开在正室南墙正中。正室平面为方形，东西宽 3.15 米，南北长 3.18 米，从地面到天棚高 3.5 米，建筑技艺巧妙高超。

大古坟正室四壁及顶棚都有绘画，壁画是先在石壁上用墨线勾勒出死神和其他对象的轮廓后，再用黄、红、紫、青、绿等各种颜色着色而成。壁画的题材是幻想的四神。当时高句丽盛行信仰守卫东西南北 4 个方位的四神宗教。他们相信，坟墓里画上四神，四神就会守卫坟墓里的人，因此东墙画有青龙，西墙画有白虎，南墙画有朱雀，北墙画有玄武。天棚画的题材也是幻想世界，画有以黄龙为主的神仙、麒麟、凤凰以及忍冬蔓、荷花等装饰图案。

中古坟外形亦是方台形，直径 50 米，高约 9 米，形制与大古坟相同。正室四壁也各按不同方位绘有青龙、白虎、朱雀和玄武四神，天棚则与大墓不同，中央画有荷花，东西各画有太阳和月亮，南北各画有凤凰，四角画有荷花、忍冬蔓纹和云纹等装饰图案。

小古坟的形制与大中古坟相同，但没有壁画。

当时的人们相信灵魂不灭，认为死是现实生活的继续，坟墓是灵魂生活的宇宙。这些古坟表现了高句丽贵族们企图永远享受豪华生活的梦想。他们为此费尽心机地装饰坟墓，并以此作为自己权威的象征。天棚上所绘的天体图及四壁所绘的四神图一方面表示了当时人们对日月、星辰的信仰，同时也在室内造成了一种神圣的气氛，显示出墓主的威严。古坟壁画最初以描写墓主生前的日常生活和行乐为主，后来才逐渐演变为描绘幻想世界的图画。不过，无论是哪一种，哪一幅画，都是以生动有力和雄伟为其特征的。在四神图中，最出色的就是江西三古坟的壁画，而三古坟壁画中最有价值的则数大古坟中的青龙、朱雀和中古坟中的白虎、玄武。青龙取的是刚从天上飞落地面喷云吐雾腾身飞驰的形象；朱雀则是展翅摇尾欲上九霄的姿态，刻画极为出色，特别是白色、红色和栗色相配得当，颜色鲜明，使得整幅画生动有力；白虎图生动逼真，栩栩如生，图中的白虎昂首挺胸，威风凛凛，一副王者之象，这幅画被认为是诸多高句丽古坟壁画里四神图中最优秀的杰作；玄武取的是大蛇缠着奔跑的乌龟的形象。就手法而言，朱雀和玄武画用圆形图案手法，青龙和白虎画用的是浪线手法。

这些壁画的主题虽属幻想，带有宗教迷信色彩，但其有力的线条、

协调的色彩和布局以及生动而富有魄力的特征却表现了高句丽人民丰富的想象力和高超的绘画艺术，是世界绘画史上的珍品。因而虽然江西三古坟没有其他古墓规模大，但其巧妙的建筑技术尤其是坟中的古代壁画珍宝却使它在众多的高句丽壁画古坟中卓尔不群，成为朝鲜远近闻名的古迹。

现存印度最早、最大而且最完整的佛塔，内供奉佛祖释迦牟尼的骨灰。是一个半球形，缺乏内部空间但却十分独特的建筑物。

桑奇窣堵波（印度）

　　窣堵波（stupa）是梵文的音译，意指泥土砖石垒筑的高冢，即佛塔。是古代佛教特有的建筑类型之一，主要用于供奉和安置佛祖及圣僧的遗骨、舍利、经文和法物，外形是一座圆冢的样子。公元前3世纪时流行于印度孔雀王朝，是当时重要的建筑。

　　相传公元前3世纪时，孔雀王朝（公元前324年～178年）的第三代君主阿育王（前273年～前232年在位）斥巨资建起8万4千座窣堵波，将佛祖释迦牟尼的遗骨分成8万4千份，分藏于各塔。其中有8座建在今印度中央邦博帕尔附近的桑奇村。2000多年岁月风雨的荡涤之下，8座中仅存3座，其中的桑奇窣堵波（the Great Stupaof Sanchi）是现存最早、最大而且最完整的佛塔。

　　佛塔的投资者是一个虔诚、热忱的佛教徒。作为古代印度最大帝国的创建者，阿育王承受着难以摆脱的精神负担。他约在公元前273年称王，但直到公元前268年才正式即位，那是在经历了一番激烈的夺权斗争之后。执政初期，阿育王干戈未休，忙于平息叛乱、巩固政权以及执行他的祖先的侵略政策。公元前260年，他发动了一场大规模的战争，被征服者是位于今奥里萨邦的羯陵迦。这场胜利的战争成了阿育王悔恨与痛苦的根源：大量的财物被消耗，数十万人死于战争及战后的饥馑和瘟疫——如此深重的灾难使阿育王的良心受到谴责。另外，此役以后，孔雀王朝统一帝国的大业已告完成。因此，阿育王从此断然放弃了战争手段，改行和平政策，用"虔诚感化"来代替弓矢征服，以期在一个民族众多、信仰复杂的国家里，通过怀柔安抚和促进融合的办法来发展经济文化，巩固新建立的中央集权。而且，大约在公元前259年，阿育王开始接近佛教，利用它来更加有效地统治自己的国家，使"战鼓之声"变成"诵经说法之声"。嗜杀君主的良心发现和政治手腕使印度人民在经历了300年的动乱之后，第一次获得了30年的和平，孔雀帝国也在这一时期富强起来。所以阿育王才能得心应手地动用其强大的行政力量和滚滚的财源来弘扬佛教，使佛教从印度的一个地方教派迅速地发展成信徒遍布全国、影响远播境外的大教，不仅在阿育王时期成为印度的国教，而且从此奠定了它日后成为世界宗教的基础。

阿育王对佛教的大力扶持，一方面体现在直接参与指导僧团的活动，一方面则体现在广建寺庙佛塔，后者直接导致了阿育王时代建筑的辉煌成就。桑奇窣堵波就是这成就的一个非凡代表。它不仅具有历史与宗教的价值，而且极富艺术价值，从而使桑奇因此一度成为印度佛教的中心地。

桑奇窣堵波又称桑奇大塔，是一个半球形的、缺乏内部空间但却十分独特的建筑物，位于印度中央邦首府博帕尔附近的桑奇。同世界各地许多早期的坟墓型制都脱胎于住宅一样，它的造型借鉴了古印度北方竹编泥抹的半球形房舍。它的中央是覆钵形的半球体坟冢，球体直径32米，高12.8米，立在一个直径36.6米、高4.3米的圆形台基上。冢体由砖石砌成，表面镶贴着一层红色砂石。围绕着冢体有一圈高3.3米的仿木式石栏杆，栏杆外四面各辟有一座砂石塔门牌坊，这是在桑加王朝时代（约公元前187年～75年）增建的。牌坊高约10米，造型独特，反映了木结构的传统。牌坊的两面覆满了浮雕，轮廓的外缘则用圆雕装饰，此外还有用婆罗门文字雕刻的捐赠者的名单。整个牌坊比例匀称，形式独特而轻快。圆冢顶部有一圈石栏杆，正中是一座托名佛邸的小亭，亭上冠戴着3层华盖。

大塔和 4 座牌坊吸收了波斯、希腊的建筑及雕刻艺术，装饰繁缛富丽。左右对称的浮雕嵌板及优美的人物雕像多取材自佛传图和佛本生故事，堪称稀世之珍。对佛祖的生平行事，雕刻采用了象征手法：一只小象暗示着"托胎"，佛祖的母亲站在荷花上表示他的出生；一匹空马象征他"出家"，一棵菩提树表示他悟道；一只车轮（即"初转法轮"）表示他讲道；窣堵波则表示佛祖的圆寂。

桑奇窣堵波的整体建筑完整统一，雄浑古朴，庞大的规模加上砖石砌体的不可动摇的稳定感和重量感，使整个建筑具有很强的纪念性；而轮廓复杂、雕刻精巧的栏杆和牌坊，与其身后简洁、粗犷的半球体形成强烈的对比，更加烘托出主体坟冢的庄严与肃穆。

桑奇窣堵波长期以来被视为佛祖舍利的主要收藏地，被看做是佛祖的化身，具有印度佛教特有的浓郁的象征主义色彩。4 座牌坊代表四谛；石栏杆形成的回廊表现轮回教义；圆冢相当于圣殿，代表椭圆形宇宙和诸神的故居，以及宇宙中心山体的须弥山；冢顶上的 3 层华盖的小亭是王权的标志，被视为简化的塔；伞柄相当于庙柱，象征宇庙的立轴。因此，桑奇窣堵波在笃信佛教的印度人民心目中享有极崇高的地位，并以其直观的艺术感染力强调了佛祖不仅是人类的先师，而且是整个宇宙的灵魂。

桑奇窣堵波充分地体现着印度宗教建筑的独特风格，把宗教意义与象征意义融为一体。它着重表现天与地、建筑与自然之间的密切关系，强调这种无形的力量要远胜于那些单纯的建筑形式美的原则。随着佛教的广泛传播，桑奇窣堵波的象征意义和造型也在亚洲广泛流传，并在流传中有所变革，以适应当地的传统和风俗。像中国元代流行的覆钵式喇嘛塔、缅甸的大金塔和泰国的锥形塔等莫不深受桑奇窣堵波的影响。

甘地陵（印度）

在印度首都新德里东郊朱木拿河畔，有一座肃穆、幽雅的陵园。园中的陵墓没有任何装饰，极其普通、简朴。然而，这里却像一方圣地，一块心灵的磁石，每逢节假日，便吸引无数身着白色民族服装的人们从四面八方赶来。他们脱掉鞋子，赤脚走进陵园，深切地悼念陵园的主人、印度的国父——甘地。

莫汉达斯·卡拉姆昌德·甘地（1869年～1948年）是印度民族运动的领袖。他出生在古吉拉特一个正统的印度教家庭，1920年成为国

甘地陵

大党公认的领袖。第一次世界大战后，他倡导对英殖民政府开展"非暴力不合作"运动，号召印度教徒和穆斯林团结反英，在领导印度1947年获得独立的斗争中起了重要的作用。

正如一位英国作家所说，甘地先生"不但把民族运动变成了革命运动，而且也深得民心"。

在1930年3月至4月那次著名的"食盐进军"中，他率领着大约79名经过挑选的男女信徒，步行离开他萨巴马提的住所，来到西印度的丹地海岸，自煮食盐，公开对抗殖民当局的食盐专买法。24天中他们行程388千米，在整个的长途旅行中，甘地受到了能使皇帝也产生妒意的尊敬和热烈的欢迎。村民们从四面八方聚集起来，道路清扫干净，路上撒满了花瓣。当圣徒们经过时，人们还垂首下跪。

甘地在个人生活方面主张禁欲和苦行。他曾用这样的教诲号召民众："愿意追随我的人们，你们必须准备以地作床，身穿粗布，黎明即起，节制食欲，清理厕所。"在甘地屈指可数的财产里，有一架木纺车。这在某种程度上是他向世人进行教诲的象征。他一有空就会手不停顿地摇动这古老的纺车，他的行为准则是"吃饭而不劳动，如同偷窃"。

事实上，他吃得非常少，而且经常不吃。这是他奇特的而又最有效的斗争策略。他领导人民不时地公开进行绝食，迫使英殖民政府走投无路，屈服就范。而在79岁高龄时，他还进行了一生中最后一次绝食，以此反对德里居民屠杀伊斯兰教徒的暴行以及印度临时政府扣压分给巴基斯坦的一笔财政余款，和以往一样，他获得了胜利。

他衣着朴素简单，并劝告弟子们也这样生活。他说："服饰仅仅能使人们对廉耻之心产生错觉。"他的夙敌，英国保守党领袖温斯顿·丘吉尔曾针对甘地的衣着说甘地是个"半裸体的游方僧"。对这句世人皆知的辱骂，甘地在平生唯一一次与丘吉尔的直接交锋中回击了他。他说，他赤身露体，象征他心洁如镜，毫无邪念。这正是他孜孜追求的，并为此感到自豪。

在 1948 年 1 月 30 日赴晚祷会的途中，印度教大会的狂热分子刺杀了这位被印度人民称作"圣雄"和"巴布"（印度语"父亲"）的老人。听到他去世的消息后，数十名印度人当即颓然昏倒，还有数十名印度人相继投海自杀；全国各地的商店、咖啡馆、餐厅、影院和各种作坊纷纷关门停业。当天晚上，在广阔的印度大陆上，没有人家烧火煮饭，"全世界同印度一起悲哀地哭泣"（美国总统杜鲁门唁电），"所有相信人类博爱的人，将永远为甘地逝世伤心地哭泣"（法国总理乔治·皮杜尔唁电）。第二天按照印度教的风俗，甘地的遗体被送到了距朱木拿河不远的拉杰加特火葬场，这里是历代国王火化的场所。他的遗体上覆盖着白红两色的床单，象征死者毫无憾意地走向冥间；床单上是一件极为荣耀的外衣：独立印度的红、白、绿三色国旗。

数十万不同种姓、不同教派、不同肤色的群众，悲痛万分地赶来送葬。圣雄甘地的次子主持了火化仪式。

遗体火化后的第 12 天，盛装甘地骨灰的铜罐，经过 615 千米的旅行后，从新德里来到了阿拉哈巴德。距此地不远，是印度教最神圣的地方之一，蓝色的朱木拿河与混浊的圣河——恒河在这里汇聚，萨腊瓦斯蒂暗河也流经这里。300 万信徒参加了抛撒骨灰的仪式。甘地的骨灰罐乘着一艘白色的小船抵达圣河的汇合处，然后甘地的次子用恒河水和神牛奶灌满了父亲的骨灰罐，轻轻摇动，在人们吟诵完永别经后，慢慢地把骨灰撒向川流不息的水中，船上的人在这一条条灰色的粉灰上面撒下一把把玫瑰花瓣。

在朱木拿河滨的火化场上，印度人民为怀念甘地建造了一座陵园，这就是甘地陵。陵园呈凹形，四周是爬满青藤的水泥围墙。园内芳草萋萋，绿荫如盖，百花竞芳，清幽宁静而又充满生机。在陵园正中，树影花丛之间静卧着一座黑色大理石陵墓，它是一个普通的正方形平台的样子，高约 1 米，长宽约 3 米·墓后是一盏长明灯，昼夜不熄，这是印度争取民族独立精神的象征。陵墓正面刻有印度文："嗨！罗摩！"这是甘

地遇难倒地时喊出的最后两个字。罗摩是印度史诗《罗摩衍那》里的英雄，被认为是印度教中保护之神毗湿奴的化身。陵墓上面还用印度文和英文镌刻着甘地的教诲：

"我希望印度自由强盛，敢于牺牲自己，勇于创造一个美好的世界。每个人应当为自己的家庭牺牲，每个家庭应当为自己的县牺牲，每个县应当为自己的省牺牲，每个省应当为自己的国家牺牲，每个国家应当为全人类牺牲。我期望'天国'降临尘世。"

陵园中还生长着很多珍贵的树木，它们是各国元首来这里瞻仰时种下的。多少年过去了，它们当中的一些树苗已长成了参天大树。

甘地陵

新圣女公墓（俄罗斯）

　　新圣女公墓建于 1524 年，是欧洲三大公墓之一，是俄罗斯墓园文化的代表。因旁边的新圣女修道院而得名。总面积 7.5 公顷，安葬着 2.6 万多个俄罗斯各个历史时期名人的尸骨。这里有著名文学家普希金，作家果戈里、契诃夫、马雅可夫斯基、法捷耶夫，作曲家肖斯塔科维奇，戏剧理论家斯坦尼斯拉夫斯基，舞蹈家乌兰诺娃，画家列维坦，

赫鲁晓夫的墓碑

科学家图波列夫、瓦维洛夫，政治家米高扬、波德戈尔内、世界第一个太空人加加林等等。这些曾经对俄罗斯历史发展起到巨大推动作用的伟人都长眠于此，而且每个人都通过自己独特的墓碑，向世人讲述着他们不同的生命故事。在俄罗斯人的心中，新圣女公墓不是告别生命的地方，而是重新解读生命、净化灵魂的教堂。

1971年9月11日，苏共中央第一书记赫鲁晓夫去世。按照惯例，作为苏联最高权力的拥有者，他的遗体应该被安葬在克里姆林宫的红墙下。但出人意料的是，赫鲁晓夫的遗体却被意外地安葬到了莫斯科西南部的新圣女公墓，远远地离开了红场，离开了他的前任们。在苏联的历任最高领导人当中，唯独赫鲁晓夫没有被安葬在红场，这对于外界始终是个谜团，没有人知道这究竟是他本人的意愿，还是苏共中央的决定。

赫鲁晓夫的墓碑由黑白各三块大理石互相交叉构成，中间是石雕头像；女英雄卓娅的墓碑形象感人至深：她双手被紧缚在背后，衣衫破碎，挺着裸露的胸膛，双腿微曲，头高高的向后昂起，这些各种各样的造型都表现了死者的身份和特点。

歌唱家夏里亚宾的墓前竖立着一座全身雕像。雕像的姿态是当年著名画家列宾为他画的肖像：夏里亚宾坐在沙发里，一手搭在扶手上，一手插在坎肩里，头略微上扬，神情专注，似乎在聚精会神地倾听。

这座传神的雕像不仅唤醒了人们对夏里亚宾歌声的追忆，更唤起了许多俄罗斯老人对他的挚爱和怀念。从未受过正规音乐教育的夏里亚宾有一副天生的好嗓子，被称为世界"低音歌王"，他的歌声曾经让世界文学大师托尔斯泰感动得流下了热泪，他低沉的嗓音也震撼了整个世界。然而，就是这样一位伟大的歌手、俄罗斯民族的骄傲，由于受到国内激进分子的诬蔑和诽谤而不得不流亡国外，甚至还被剥夺了"人民演员"的荣誉。据说，夏里亚宾生前曾赌气说道："我连骨头也不能埋在这个国家。"但是在他1938年去世后，这位不朽艺术家的遗骸，终于从巴黎迁葬到莫斯科新圣女公墓，夏里亚宾又回到了母亲的怀抱。

新圣女公墓的雕塑各具特色，是整个俄罗斯雕塑艺术发展的一个缩影。名人生前都会请自己最中意的雕塑家，为自己雕刻一尊最能体现本人历史价值的作品。

这座全世界独一无二的公墓饱含着浓厚的俄罗斯文化韵味，墓主的人格身份与墓碑雕塑的巧妙结合，使来参观的各国游客总是给予无尽的赞美。

在 21 世纪的今天，来这里参观的游客仍络绎不绝。俄罗斯百姓们也常来

果戈里像

这里扫墓献花，仿佛只有在自己高大威严的先辈墓碑前，他们才能抚慰心灵的创伤。

列宁陵墓 （俄罗斯）

　　1924 年 1 月 21 日，马克思、恩格斯事业和学说的继承者，全世界无产阶级的革命导师，苏联共产党和苏维埃国家的缔造者，弗拉基米·伊里奇·列宁（1870 年～1924 年）因脑溢血与世长辞。1 月 27 日举行列宁安葬礼，下午 4 时整，列宁的遗柩移进了克里姆林宫墙下待建的陵墓里。这就是庄严典雅的列宁陵墓。

　　这座陵墓坐落在前苏联、今天的俄罗斯首都莫斯科的红场上，在克里姆林宫墙正中的前面。说起克里姆林宫和红场的来历，还有一则轶事。相传伊凡三世曾想以莫斯科取代土耳其的君士坦丁堡，使之成为东正教的中心，于是命令在面积为 28 万平方米的莫斯科城四周建起红色围墙，并不惜重金聘请意大利建筑大师巴洛克设计城内的建筑，这就是现在的克里姆林宫。为防御敌人突袭及万一城中失火时火势蔓延，又下令在围墙之外保持一定的空旷地，这便是今日的红场。不管这种说法的真实性如何，克里姆林宫这座俄国历代沙皇的宫殿，前苏联、今天的俄罗斯的政治活动中心以及红场这座莫斯科最古老的广场的确是莫斯科重大历史事件的见证场所。列宁逝世以后，每周总有 2 天（陵墓每周开放2 次），不论是炎夏酷暑，还是天寒地冻，都能看到川流不息的人群肃穆地穿过红场，沿着微坡，来到克里姆林宫墙前拜谒列宁陵墓，透过墓中的水晶棺瞻仰伟大的列宁的遗容。

　　从青年时代起，列宁就开始为推翻旧制度而奋斗。1897 年 12 月，

列宁陵墓

这位曾在中学里获得金质奖章的好学生被喀山大学开除，因为他参加了学生运动。为此他还遭到了逮捕和流放。警察问他："小伙子，造反有什么好处？你不是向一堵墙上撞吗？"列宁回答："是的，但这是一堵朽墙，一撞就倒的。"这时，他是一个具有初步革命民主主义思想的青年。

1897年，已经转变成共产主义者的列宁被流放到西伯利亚东都叶尼塞河畔的舒申斯克村，一待就是3年。这三年，是他为新的斗争作准备的3年。1901年，他开始使用"列宁"这个笔名（列宁原姓乌里扬诺夫），"列宁"从此就成为这个伟人光辉的名字。据亲属推测，他很可能是选了西伯利亚的一条美丽而雄伟的河流的名字来纪念这段生活。这条河叫"勒拿河"，与"列宁"一词的词根相同。

列宁是如此热爱他的祖国。他曾借涅克拉索夫"俄罗斯母亲呵，你又贫穷又富饶，你又强大又软弱"的诗句来抒发心中的感慨。因而伟大的十月革命胜利后，他就提出，建设强大富饶的俄罗斯是"当前的主要

任务"。1922 年 12 月 30 日，在列宁"建立平等的共和国联邦"的指示下，苏联成立了。这个社会主义大国在以后的岁月里迅速崛起，终于成为与美国并驾齐驱的超级大国，直至解体。

1922 年底，列宁疾病缠身，从此，他一面与病魔作顽强的搏斗，一面时刻不忘关心党和国家的命运。甚至在他病危之际，他还因十分担心党内分裂的危险而口授了 3 封《给代表大会的信》。信中分析了几位著名领导人的优缺点，建议采取措施进一步贯彻集体领导原则，防止党的分裂，并建议调整总书记人选。这些信用火漆印密封好后，到 1924 年 5 月由他的妻子克鲁普斯卡娅交给了中央全会。事实证明，列宁的分析是客观公允的，他的建议也极有政治远见。可惜当时的代表大会未能采纳，使斯大林最终独断专行，造成很大恶果。

列宁作为全世界无产阶级的革命导师，逝世以后，除了前苏联各族人民，还常常有来自世界各地不同肤色的人们前来红场谒陵，寄托他们的敬仰与哀思。

列宁陵墓是根据舒谢夫院士的设计建造的，舒谢夫因此获得了"苏联功勋建筑师"的称号。他在列宁逝世以后两天就开始设计陵墓，在安葬日以前匆匆赶建成一座木质结构的临时性陵墓，里面安放着列宁的水晶棺。1925 年，列宁墓被改建，显得更加雄伟，但仍为木结构。1929 年～1930 年，又用磨光了的红色花岗石和黑色大理石重建。卫国战争以后，水晶棺也被换成新的，陵墓内部重新加以修葺。1974 年在改建红场的同时又对陵墓进行了修整。1976 年又作了预防性检修。

陵墓的结构与色调肃穆、凝重，外面镶嵌贵重的大理石、黑色和灰色的拉长石、深红色的花岗石和云斑石。深红色代表革命旗帜的颜色，黑色表达人民的永远悼念之情。

陵墓体积为 5800 立方米，内部容积为 2400 立方米。墓前的碑石上刻有"列宁"字样，净重 60 吨。陵墓一半在地下，一半露出地面，采用钢筋混凝土的框架结构。其外形底部是稳重的石基座，然后是台阶，向上逐级收小，其上是通往检阅台石级的平座；再往上是 5 级不同高度的台阶和由 36 根柱子组成的柱廊；顶部是两级阶梯状的平顶，这里是检阅平台，全民节日时在此检阅游行队伍和武装部队。检阅平台两侧是灰色大理石砌成的观礼台。从整体上看陵墓外观是阶梯状的 3 个立方体。由于陵墓体型简洁、朴素而庄重，又位于斯巴斯克钟塔横向轴线与克里姆林宫墙纵轴线相交处这一显著位置，从而成为红场建筑群突出的中心。

沿黑色大理石台阶而下，转弯即进入陵墓中心——悼念大厅。大厅四周环镶红砖，墙壁上有用花岗石雕刻的苏联国徽和国旗。列宁的遗体安详地仰卧在铺有红色党旗和国旗的水晶棺里，他身穿黄色上衣，胸前佩戴一枚红旗勋章。

整个陵墓建筑庄严典雅。陵墓入口处有士兵日夜守卫。陵墓四周环绕着四季常青的枞树。克里姆林宫旁边的斯巴斯克塔楼，每隔 15 分钟鸣响一次，倍增陵墓的肃穆气氛。

托尔斯泰墓 （俄罗斯）

俄罗斯首都莫斯科向西南驱车 200 多公里，便可到达中俄罗斯高地的一座城市——图拉。从图拉出来再走 10 几公里就到了著名的亚斯纳亚—波良纳庄园—俄罗斯大文豪托尔斯泰的庄园。

波良纳庄园，那里是俄罗斯大文豪列夫—托尔斯泰的故乡，既是他的诞生地，又是他的墓地。正是由于托尔斯泰，亚斯纳亚—波良纳也成为了世界上为数不多的文化圣地之一。

亚斯纳亚—波良纳，俄语的意思是"明媚的林中空地"。这片贵族的领地是托尔斯泰母亲当年嫁妆中最大的一份，她嫁过来后又栽种了许多的乔木和灌木，如今已是绿荫参天、郁郁葱葱，有的老树有二百年的树龄了。庄园至今保留了三十公顷苹果树，这是因为托尔斯泰是喜欢苹果的。

托尔斯泰一生热爱劳动，他和农民们一道栽树，庄园中种满了椴树、云杉、白杨、桦树等树木，同时还种满了各种灌木丛，在展馆中的一把大刀就是他用来和农民一起锄草用的。他从小就在自己母亲的影响下非常同情俄罗斯农民的贫困和疾苦，所以他一生致力于改革俄罗斯当时的农奴制度，同时他也在身体力行的体力劳动中获得大自然的宁静和对生命的思考。

进入托尔斯泰庄园的左手，是一个很大的池塘，被托尔斯泰称为"静穆而华丽的池塘"。童年的托尔斯泰和小伙伴在池中游泳、钓鱼，老

年的托尔斯泰曾在冬天冰冻的池面上锻炼身体。庄园内野生的苜蓿、宽叶的牛蒡、刺人的荨麻随处可见。通往庄园深处的大道悠远、静谧。值得一提的是，庄园中根本没有任何修葺的柏油路或石子路，只是一条一百多年前留下来的较宽的土路和由于走的人多了形成的林间小路。门口的保安不无自豪地说，即便是俄罗斯总统来，都要步行进入这个庄园。

　　沿着这条百余年前的古老的土路走入树林中最茂密的地方，可以看到一栋十分朴素的乳白色二层小楼，这便是托尔斯泰故居。白色的墙壁、白色的栅栏、白色的楼廊、白色的台阶，只有楼顶是绿色的。墙边的栅栏上雕刻着马匹，也许和托尔斯泰喜欢骑马有关，至今庄园里还饲养着二十匹名马，台阶下种着各种鲜花。

　　故居内的布局、陈设和作家的两万多册藏书等都原封不动地得到了保留。人们现在看到的有作家的书房、卧室、客厅和办公室等。就是在这里，这位俄罗斯文学巨匠给人类留下了《战争与和平》、《安娜·卡列尼娜》等不朽的传世之作。托尔斯泰同时还是一位杰出的语言学家，他一生中掌握了 10 多种外语。据说，托尔斯泰很早就对中国古代的哲学思想有浓厚的兴趣，在他 80 岁的高龄时他还学习过汉语。至今，他的书架上还保存着几本孔子和老子等中国先哲作品的俄文版译著。

　　托尔斯泰前后在这里度过了六十年，他那无比浩瀚、无比丰厚的作品、他的观点和学说以及他所生活的那个时代的种种矛盾、信仰和革命，都和这座庄园紧密相联。在托尔斯泰眼中，亚斯纳亚－波良纳庄园就是俄罗斯的一个缩影。他曾经深情地写下他对这块土地的感受："如果没有亚斯纳亚－波良纳，俄罗斯就不可能给我这种感觉；如果没有亚斯纳亚－波良纳，我可能对祖国有更清醒的认识，但不可能这样热爱它"。

　　托尔斯泰一生都在追求自然、平静的生活，他一生中大多数的时光都是在远离莫斯科的自己庄园中度过，并热心进行解放农奴的实验，但结果却是失败和内心的孤寂。托翁晚年的作品《安娜·卡列尼娜》、《忏

悔录》、《复活》就体现了作家彷徨、困惑和对宗教的皈依。而文豪最大的痛苦并不是升官发财或者妻小儿女，而是对俄罗斯社会中尖锐矛盾的忧虑，对人生生死问题的追问。于是在他82岁的一个风雪之夜，他决定放弃所有财产，离家出走，最后客死于附近的一个小火车站的站长室内。根据托尔斯泰的遗嘱——"要像埋葬叫花子那样用最便宜的棺材为我做一个最便宜的坟墓"，于是这块朴素至极的墓地成为了这位一生都在痛苦思考的作家的长眠之地。也许，这位作家只有在远离城市喧嚣的地方才能让自己的灵魂得以安宁。

但是，自从托尔斯泰安息于此后，他的庄园就一直没有一天真正的平静过，近百年来，俄罗斯和世界各地的读者怀着朝圣的心态来拜访瞻仰作家的墓地——一块普通得不能再普通的小土坡。附近的俄罗斯青年举行婚礼时，也必然要来到这片庄园，向托尔斯泰的墓地献花致敬。

和中国的婚礼不同的是，今天俄罗斯的新人们似乎要更为注重室外的婚礼形式，他们无论冬夏，都会到附近的风景胜地，或拍照留念或聚会饮酒。而且，他们一般都一定会向当地重要的坟墓或墓碑敬献鲜花。这些坟墓有时是卫国战争烈士的纪念墓，有时是名人的墓地。而俄罗斯人的墓地并不是阴冷潮湿或严肃紧张的地方，而更是让人愉悦、内心安宁的美丽风景。因为，美不仅在于视觉的愉悦，更在于给人心灵上的震撼。

从托尔斯泰博物馆出来，经过的他的马房，顺着一条羊肠小路信步走去，穿过林间空地和灌木丛，便到了这位伟大文豪的坟墓前。奥地利作家茨威格曾称赞"他在俄国所见到的景物再没有比列夫·托尔斯泰墓更宏伟、更感人的了"，并认为托尔斯泰的墓远远超过法国君王拿破仑墓和德国诗人歌德的墓，是"世间最美的、给人印象最深刻的、最感人的坟墓"。

维也纳中央公墓 （奥地利）

中央公墓坐落在奥地利首都维也纳东南郊，占地 200 多公顷，是维也纳最大的公墓。公墓是 19 世纪初奥地利帝国皇帝弗朗茨在位时修建的，最初只有皇公贵族才能埋葬在这里。二次大战以后，维也纳市规定，除国家和政府首脑外，凡对国家做出重要贡献而被市政府授予荣誉公民的人逝世后都可免费得到一块墓地。随着在此安葬和迁葬此地的名人的增多，中央公墓渐渐成为奥地利最有影响的荣誉公墓。历史上许多维也纳乃至奥地利的政治、经济、文化、军事等各界名人都安葬于此。然而，使维也纳中央公墓声名远播的，却不是这些名门政要，而是位于墓区里的音乐家墓地。那里除了安葬着莫扎特、海顿、贝多芬、舒伯特和施特劳斯父子（小约翰·施特劳斯、老约翰·施特劳斯、约瑟夫·施特劳斯）等 20 多位世界著名的音乐家、作曲家外，还有一座被誉为"音乐神童"的莫扎特的纪念碑。

在公墓的 3 道粗大的铁门中间，竖立着两座尖塔形的弗朝茨皇帝的纪念

中央公墓前景

碑。进入大门，是一条笔直宽阔的柏油马路。马路尽头矗立着一座半球形绿屋顶的教堂，马路两侧各有一排红砖绿顶的拱廊，里面是修饰华丽的昔日皇公贵族的墓地。巨大的雕刻精细的墓碑记载着他们生前的显赫职务和经历。

在马路尽头的左侧，沿一条铺着碎砂石的小路向前走几步，就是并排在一起的贝多芬和舒伯特的墓地。

贝多芬的墓碑三面有3棵苍翠的松柏。这是一座锥形的白色大理石墓碑，正面底座上用黑字刻着："贝多芬 1770～1827"。墓碑中间雕刻着一架金色的竖琴，顶端是一条蛇团团围住一只展翅欲飞的金蝴蝶。蝴蝶象征着渴望自由飞翔的贝多芬，蛇则象征着病魔。贝多芬自26岁开始听力明显下降，但直到两耳失聪后，他还写出了大量传世之作。贝多芬的一生是与命运进行顽强斗争的一生。

舒伯特墓在贝多芬墓旁边，墓碑也是白色大理石的，有2米多高。墓碑上雕刻着一个带翅膀的音乐女神正在给舒伯特戴上音乐桂冠，在舒伯特的头像下，有一位小天使和他献上的花篮。舒伯特非常钦佩贝多芬的音乐才能，并自视为贝多芬的学生。临终时他留下遗嘱，要求埋葬在贝多芬旁边。但这两位音乐大师生前都很清贫，最初都被埋葬在市内一个小公墓里。直到1888年，音乐之友协会才将他们一起迁到中央公墓来，并为他们修建了较大的墓碑。

在贝多芬和舒伯特的墓地前面，是1859年建立的莫扎特纪念碑。这是一座青铜制成的纪念碑，底座正面是莫扎特侧面头像，

顶上的音乐女神雕像神情哀切，低头垂手坐在一摞乐谱稿上，手上还拿着一页未完成的乐谱；旁边一个小天使用手支着头靠在墓碑上。莫扎特的一生也非常贫困，逝世后甚至买不起一块像样的墓地，只能埋在圣马克斯公墓一侧的贫民坟堆里。后来，他的朋友们凑钱给他修整了墓穴，并立了一块墓碑。为了纪念这一段历史，音乐之友协会决定不把他的遗骨迁到中央公墓来，而只在这里修建了一座纪念碑。

　　在贝多芬和舒伯特墓的对面，是另一位音乐大师勃拉姆斯的墓地。旁边，则是"圆舞曲之王"——小约翰·施特劳斯的墓地。他的父亲老约翰·施特劳斯及大弟弟约瑟夫的墓地也在附近。在这些音乐大师的墓地周围，还有许多其他方面艺术人士的墓地，雕刻精细的墓碑记载着他们生前的显赫职务和经历。

西敏寺（英国）

　　坟墓作为死者的容身之所，在许多文化与文明中常常被陵园或纪念馆所代替，有时两者并存。而整个中世纪（5世纪～15世纪）时期，把死者葬在教堂、修道院或小教堂里是很流行的做法。早期文明中，坟墓被看做是死者的住屋，所以墓内通常陪葬有大量的衣服、器皿和家俱等生活必需品。自文艺复兴（14世纪～16世纪）以来，西方关于坟墓是"死者之家"的概念已经趋于消失。因此，在教堂里，一口石棺或一块墓碑就可以称之为坟墓。西敏寺（Westminster Abbey 亦译作"威斯敏斯特寺"）就是一块容纳众多的这种坟墓的墓地。

　　西敏寺位于英国首都伦敦泰晤士河南岸，议会大厦西南，创建于公元960年。它的前身是7世纪时在泰晤士河一个叫托内的小岛上建起的祭祀圣彼得的小教堂。从创建时起，寺院就称作威斯敏斯特寺（意为"西寺"，以区别于位于城东伦敦塔外的一个西都会寺院——"东寺"）。1050年，英格兰国王"笃信者"爱德华（1003年～1066年）下令对之进行扩建，以作为自己的墓地，1065年竣工，正式启用。以后的历代英王又陆续改建、增建。18世纪上半叶，英国建筑家尼古拉斯·霍克斯穆尔建造了教堂西端的双塔。1875年起，教堂正面由英国建筑师、哥特复兴式建筑风格运动的领袖人物乔治·吉尔伯特·斯科特整修。这位沉湎于哥特式建筑风格的建筑师在承担修复工作时，常因傲慢地毁掉许多精美的非哥特式作品而引起时人的争议。不过，这种作风对西敏寺

来说未尝不是一件幸事。作为英国中世纪建筑的主要代表，西敏寺的建筑风格和特点，虽然在马拉松式的建造年代中不断地推移变化，从诺曼式、哥特式，一直到早期文艺复兴的式样，不过它的基本特色仍属于哥特式，所以历经700多年的修葺而犹能保持原貌，实在多亏了斯科特这样的建筑师。

西敏寺主要由教堂及修道院两大部分组成。教堂平面呈拉丁十字形，主体部分长达 156 米。本堂两边各有侧廊一道，上面设有宽敞的廊台。本堂宽仅 11.6 米，然而上部拱顶高

西敏寺教堂

达 31 米，是英国哥特式拱顶高度之冠，故而本堂总体显得比例狭高，巍峨挺拔。耳堂总长 62 米，与本堂交会处的 4 个柱墩尺寸很大，用以承托上部穹顶。穹顶以西是歌唱班的席位，以东是祭坛。教堂西部的双塔（1735～1740 年）高达 68.6 米。平衡本堂拱顶水平推力的飞拱横跨侧廊和修道院围廊，形成复杂的支撑体系。

教堂东端，即教堂中轴线的末端，原是圣母礼拜堂，后来毁坏。16 世纪初，在这个位置上建起了一个规模更大的礼拜堂（1503 年～1519 年，另说 1502 年～1512 年），即著名的亨利七世礼拜堂。这是英国中

世纪建筑最杰出的代表作品，由罗伯特·渥都设计。礼拜堂本身就是一个小教堂，有独立的本堂和两边侧廊，陵寝设在一端。其巨大的扇形垂饰和宛如倒挂着的晶莹华美的钟乳石拱顶，设计大胆，构思巧妙，拱肋图案别具一格，是整个建筑中最精彩之处。室内墙上满布壁龛，龛内共立有95个雕像。这座礼拜堂装饰华丽精美，被认为是"所有基督教国家中的至美之所"。

在教堂内还有许多像亨利七世礼拜堂这样的献给已逝君主的建筑，使人不由得不惊叹西敏寺教堂内别有洞天。如祭坛东端的圣·爱德华礼拜堂，其中央的爱德华祠墓建于1269年，是世界各地香客的朝圣之处。主祠周围还有亨利三世及其他国王祠墓，形成了各个时代的雕刻博物馆。尤其是东端的亨利五世墓堂更以雕饰华美著称。建筑西敏寺的初衷就是将它作为英国国王的墓地，事实上，从亨利三世到乔治二世的20多位国王的确都葬在了这里。在圣·爱德华礼拜堂西侧有著名的爱德华一世加冕宝座，它高踞于祭坛前面的高台之上。宝座下有一块称之为"斯库恩"的圣石，它原是苏格兰国王传统的加冕座位，是其权力的象征，1297年，爱德华一世将它带到了伦敦。顺便说一句，西敏寺还是英国国王加冕和王室成员举行婚礼的所在。从11世纪的诺曼"征服者"威廉一世开始，除了13岁即被叔父谋杀于伦敦塔中的爱德华五世和那位不爱江山爱美人、自动放弃王位的爱德华八世（后被封为温莎公爵）之外，所有英王都在此加冕登基，包括伊丽莎白女王。可以说，西敏寺是一部英国王室的石头史书。

教堂内，还有一座特殊的小礼拜堂。说它特殊是因为这座小礼拜堂不是献给君主，而是献给勇赴国难者——牺牲于"不列颠之战"（1940年秋季发生的英德空军之战）的皇家空军战士的。小礼拜堂的彩色玻璃上绘有当年参战的68个空军中队的队徽，这为满目的皇家奢华中注入了一股刚健悲壮之气。

在教堂或具有特别纪念意义的建筑物中，大都会专为杰出的人物划

出一席之地。正如法国的名人葬在先贤祠，英国的名人身后则有幸进入西敏寺，他们或被埋葬在教堂内，或者在此竖立纪念碑。耳堂南翼的"诗人角"就是诗人和作家墓祠的荟萃地。这里还有著名的第一次大战时的无名战士之墓（1920 年）。所以，这里墓室累累，纪念碑林立，堪称英国著名的历史文物陈列馆。而且，这些祠墓和纪念碑在建筑上还有一个妙用：有效地避免了教堂中轴线上气势非凡的纵深可能产生的枯燥感。

教堂南侧是修道院，创建于 13 世纪，是一方形庭院，周围设开敞拱廊，拱廊周围另有许多附属建筑物。此外修道院庭院东南一侧，还有宝库厅和地下小教堂。后者为一长方形厅堂，现为寺院博物馆，馆内陈列着国王、王后和贵族们在葬礼中放置在无盖棺材中供人凭吊的雕像。这些雕像都是根据死后面容模制下来的，造型真实生动。其中以爱德华三世（1312 年～1377 年）的雕像最为古老，以英国海军中将纳尔逊子爵的雕像最为精致，这位被誉为"海洋权威的化身"的英国历史上最杰出的海军指挥官曾在一次海战中大败拿破仑，从而最终导致后者滑铁卢的失利。

西敏寺的柱廊恢宏凝重，拱门镂刻优美，屏饰装潢精致，玻璃色彩绚丽，双塔嵯峨高耸。整座建筑既金碧辉煌，又静谧肃穆，被认为是英国哥特式建筑中的杰作。

1987 年西敏寺列入世界文化遗产名录。

马克思墓（英国）

　　在英国首都伦敦北部有一个叫"海格特"（Highgate，意为"高门"）的住宅区。据说14世纪时，这里原是森林和猎场，设有税卡，税卡处有一座高门，故而得名。海格特跨卡姆登、伊斯灵顿和哈林盖3个自治市，当地曾居住过许多名人。当地的公墓——海格特公墓中安葬着很多知名人士，如英国著名的物理学家和化学家米歇尔·法拉第，著名小说家乔治·艾略特，英国哲学家、社会学家斯宾塞等等。在公墓内有一块墓地，每天前来瞻仰的人络绎不绝，成为公墓中一个绝无仅有的现象，这块墓地就是马克思墓。

　　伟大的无产阶级革命导师卡尔·马克思，出生于普鲁士莱茵省的特利尔城，大学毕业后迁居波恩。从1842年10月开始，马克思几次被驱逐出普鲁士、法国和比利时，过着颠沛流离的流亡生活。1849年，31岁的马克思移居当时欧洲最繁华的城市，观察当时最强大的资本主义的理

伟大导师马克思雕像

想窗口——伦敦,从此在这滞留下来,直至1883年与世长辞。

马克思曾说:"我是世界公民,我到哪儿就在哪儿工作。"尽管寄寓伦敦的生活异常艰苦,但他从未停止过工作和战斗。他同恩格斯一起,以满腔的热忱关注并指导当时欧洲的革命运动。在他和恩格斯的领导下,1864年在伦敦成立了"第一国际",把欧洲工人运动推向新的阶段。同时,马克思还以惊人的毅力从事科学社会主义理论的研究和写作。他的理论巨著《资本论》就是在大英博物馆的图书馆里辛勤研读25年结出的献给工人阶级、献给全人类的最伟大的科学硕果。

马克思在伦敦期间的生活极端困苦。正如列宁所说:"贫困简直要置马克思和他的一家于死地。"由于生活所迫,马克思先后搬过好几次家。先是在伦敦切尔西区安德森街4号住了几个月,因为付不起每周1个半英镑的房租,被房东撵出门;又搬到伦敦闹市中心的索霍区第恩街28号。当时的索霍区是伦敦最穷的居民区之一,住着许多像马克思这样的政治流亡者。马克思住在这幢4层旧式楼房的3楼,全家7口人只有两个房间,小的一间是马克思一家的卧室和更衣的地方,大的一间则权充马克思的会客室、书房,又兼饭厅和孩子们的娱乐室。当年监视马克思的一个普鲁士警察如实地记下了马克思的生活,"马克思住的是伦敦最次、也最便宜的房子,整套公寓里没有一件干净、结实的家具,连个旧货商人都不好意思出售这类什物"。贫困和疾病始终困扰着马克思,以至他的大衣在1853年一年内两度被送进当铺,使他有时几天不能出门。因为没钱给孩子治病,他有3个孩子在这里夭折。然而,《路易·波拿巴的雾月十八日》《不列颠在印度的统治》《中国革命与欧洲革命》等名著却正是在这样难以言说的艰难和恶劣的条件下诞生的。

后来,马克思又搬了3次家。1881年冬,马克思失去了终身伴侣燕妮,1883年1月又失去了他最钟爱的长女。这一次又一次的沉重打击使马克思早已透支的精力和体力再也难以恢复。1883年3月14日,马克思在梅特立公园路41号书房的安乐椅上,静静地长眠了。在他逝

世前两分钟，恩格斯还去看望了他。

1883 年 3 月 17 日，马克思的遗体被安葬在距寓所不远的海格特山坡上的墓地里。不过，当时马克思的墓地位于一条杂草丛生的小径旁，那是公墓内一个偏僻荒凉的角落。而且马克思的墓太朴素了，甚至有点寒碜，墓上只有一块普通的石碑。

1956 年 3 月 14 日，英国工人和各国共产党集资在公墓东端购买了一块较大的墓地，并将马克思亲属的遗骨迁来葬在一起。

马克思墓上是一块花岗石的墓碑，呈方柱形，高 2.44 米，碑顶安放着一座 1.22 米高的马克思青铜头像。头像呈沉思的表情，目光深远，凝视着前方。墓碑东西两侧，镶嵌着两个青铜花环，这是英国著名雕刻家劳伦斯·布雷德肖的杰作。墓碑正面上方刻着金光闪闪的大字："全世界无产者，联合起来！"下方镌有马克思的名言："哲学家们只是用不同的方式解释世界，而问题在于改造世界。"墓碑中央镶嵌着一块白色的大理石，上面刻着："卡尔·马克思，生于 1818 年 5 月 5 日，卒于 1883 年 3 月 14 日。"马克思的夫人燕妮同马克思合葬，女儿爱琳娜、外孙哈里、龙格和女佣人海伦被安葬在附近，墓碑的中央也刻着他们的名字和生卒年月日。

马克思墓的四周肃穆整洁，苍松翠柏，傲然挺立，终年常青，墓前常有人敬献的鲜花和花环。特别是德国的劳动人民，几乎每次到伦敦，都要来此谒陵，以表达故乡人民对这位伟大思想家、革命家的崇敬和深挚的怀念。

先贤祠（法国）

　　1744 年，法国国王路易十五（1715～1774 年在位）在梅斯身染重疾，为此他许下誓愿：如果此番能够痊愈，一定建一座新教堂献给圣·吉妮维耶，以代替已经残破的老修道院。事隔多年之后，路易十五终于还了这个愿，在首都巴黎塞纳河南岸的圣·吉妮维耶高地上建起了一座大教堂。

　　圣·吉妮维耶高地是用一位女圣者的名字命名的。传说公元 451 年，当匈奴王阿提拉率军威胁巴黎时，一个虔诚的女基督徒圣·吉妮维耶劝说巴黎人不要放弃自己的家乡。在她顽强不屈的精神感召下，巴黎人众志成城，固守家园，结果入侵者反而绕过了这座城市，转而攻打别处。据说，她还曾在法兰克人攻打巴黎时，为巴黎人民运送食物。后来法兰克人的首领克洛维斯将巴黎定为他的首都，并改信了基督教，与圣·吉妮维耶死后都葬在了这座高地，高地从而得名，圣·吉妮维耶也被奉为巴黎主保圣人。

　　路易十五的新教堂就建在高地之顶，耸立在圣·吉妮维耶墓的上方。这座 18 世纪法国古典主义建筑的代表作品，是建筑师 J·G·苏夫洛（1713～1780 年）的手笔。工程于 1764 年奠基，但因为经费困难，进展迟缓，直到苏夫洛因疲劳过度去世，穹顶工程犹未开始。他的学生龙德莱接过老师未完的工程，于 1790 年将之全部完成。但竣工后仅一年，大革命时期（1789～1794 年）的制宪会议就决定把它从教堂改为存放国家名人骨灰的祠堂——先贤祠（Pantheon）。后来又经过几次反复，直到第三共和国时期（1870～1940 年），从安放雨果骨灰开始，再度改成国家名人祠墓，并保持至今。

远观先贤祠

先贤祠建筑平面成希腊十字形，长 100 米，宽 84 米，高 83 米。设计非常大胆，柱细墙薄，加上上部巨大的采光窗和雕饰精美的柱头，室内空间显得非常轻快优雅。它体现了苏夫洛力求把古代建筑的崇高纯正同中世纪（5～15 世纪）建筑的浪漫热情结合起来的愿望，室内是哥特式的秀丽轻快，建筑外观则是古罗马的作风。

建筑的正面仿照罗马万神庙（Pantheon 即"万神庙"之意，故而也有人称先贤祠为巴黎万神庙），本堂与侧廊之间，用华丽的科林斯式柱廊分割。由 22 根柱子组成的巨大柱廊耸峙在台阶上，柱高 19 米，配置方式奇特。柱廊上立三角形山墙（即"山花"），这是古希腊神庙正面的顶部特征，这里对山花的使用在巴黎还是第一次。檐壁上刻有著名的题词："献给伟大的人们，祖国感谢你们。"山墙壁面上有著名雕刻家 P·J·大卫·当热的大型寓意浮雕：中央台上站着代表"祖国"的女神，正把花冠分赠给左右的伟人；"自由"和"历史"分坐两边。这件作于 1831 年的浮雕是大卫最重要的作品之一。

本堂与侧廊之间的上部设计一反传统基督教教堂的作法，不用拱顶，而用带帆拱的扁平穹顶。中央穹顶是立面最突出的部分，直径达 21 米，有三重结构。内层穹顶上开圆洞，空间直达中层穹隆，其顶离地近 70 米。1849 年，物理学家傅科利用从穹顶上悬下的摆锤，完成了著名的证明地球自转的实验。穹顶外包铅皮，由高大的鼓座承托。鼓座外部环绕科林斯柱廊，由于柱身纤细而且根根独立，因此显得秀美有余而雄浑不足。

建筑的其他各面原来有窗，1791 年决定改名后，就将底层原来设计的 42 个窗户全部堵死，好让光线如同古代神庙那样只能从上部泻入。这样底层就形成了大片实心墙面，仅上部还有连续的垂花雕饰檐壁，使原来轻快的外貌变得严肃庄重，而前面的柱廊则显得更加华丽突出。

先贤祠的装饰除室外的雕刻外，主要是绘画。中央穹顶内壁的巨画是画家格罗斯（1771～1835 年）于 1811 年受拿破仑之托绘制的，内容是将圣·吉妮维耶的神化。通过下层穹顶的圆洞向上望，倍觉画面深远。用这种方式来造成虚幻的高度感觉是 17 世纪以来惯用的手法。室内的其他壁画大都作于 1877 年之后。最著名的一组为画家伯维（1824～1898年）所作，描绘圣·吉妮维耶的身世经历。

先贤祠内的地下室里面名人祠墓林立。在法国大革命前后，许多伟大的人物次第涌现，无论他们生前得到的评价和待遇如何，在过世后，他们都作为对法国作出卓越贡献的伟人而被埋葬或迁葬于先贤祠。其中有政治家米拉波，哲学家、文学家伏尔泰、卢梭，文学家雨果、左拉，数学家拉格朗日以及先贤祠的建筑师苏夫洛本人等等，构成了法国大革命前后历史天空里的一个庞大璀璨的星系。法国抵抗运动领袖让·穆兰（1899～1943 年）也葬于此，他被纳粹德国

宽敞的祭祀大厅

的盖世太保折磨至死，1964年移葬先贤祠。

这些名人中，入葬先贤祠最风光最隆重的要数19世纪最杰出的文学家之一的雨果（1802～1885年）了。作为19世纪法国文学浪漫主义运动的领袖，他一生著作宏富，多数作品具有相当高的艺术价值和明显的人道主义倾向。他拥护共和，反对帝政，曾为此被迫流亡国外，直到法兰西第二帝国（1852～1870年）垮台才返回巴黎。他卓越的才华和伟大的人格力量使他广受尊崇爱戴，因此当他于1885年5月22日卒于巴黎后，他的遗体被盛装停置在凯旋门供民众瞻仰凭吊，国人还为他举行了隆重的国葬仪式，将他葬于先贤祠。

先贤祠不仅蕴含着丰富的历史文化内容，也是观赏巴黎的一个好视角，爬到顶层，便可以眺望巴黎市景。每逢假日，这里游人如织，访客如云。

拉雪兹公墓（法国）

在法国首都巴黎，除了那钢铁巨人般的艾菲尔铁塔，雄伟富丽的万宝之宫——卢浮宫，典型的哥特式教堂——巴黎圣母院，情趣盎然的香榭丽舍大街，庄重威严的凯旋门，壮观豪华的凡尔赛宫，被称为"建筑之花"的森林宫殿——枫丹白露等外，还有 3 座墓园十分吸引慕名而来的游客。它们是拉雪兹公墓、蒙马特尔公墓和蒙帕尔纳斯公墓。这些墓园的引人入胜之处与其说是它们的环境、布局和建筑，还不如说是墓园中安息的灵魂：法国各界的巨擘或者著名人士中有许多人埋葬在这 3 座墓园中，他们的经历、他们的成就使墓园有了非同寻常的意义，遂使谒者如潮。3 座墓园中最大的、也是巴黎最大的公墓就是拉雪兹公墓（Lachaise Cemetery）。

拉雪兹公墓位于巴黎东部，占地 44 公顷，正式名称是"东部公墓"。这里曾是"太阳王"路易十四（1643～1715 年在位）的忏悔神父——耶稣会士拉雪兹的豪华别墅。拉雪兹深得路易十四的宠信，掌握宗教事务长达 34 年之久，这幢别墅就是路易十四赐给他的。1804 年这里改为公墓，人们习惯地称之为拉雪兹神父公墓。

拉雪兹公墓划分为几十个墓区，许多著名人士长眠于此，如法国最伟大的喜剧作家莫里哀（1622～1673 年，虽然由于他的一部喜剧严重冒犯了神职人员，导致了教廷的反对，他仍旧葬在了宗教墓地，不过葬礼是在夜晚持火炬举行的），法国著名的诗人兼寓言作家拉封登（1621～

1695 年），波兰作曲家及钢琴家肖邦（1810～1849 年），法国出类拔萃、创作丰沛的小说家巴尔扎克（1799～1850 年），法国天才的戏剧作曲家、歌剧《卡门》的作者比才（1838～1875 年），爱尔兰诗人及剧作家王尔德（1854～1900 年），法国最著名的舞台剧女演员之一撒拉·贝纳（1844～1923 年），侨居法国的美国女作家格特鲁德·斯泰因（1874～1946 年，一战后美国形成的以海明威为代表的文学流派——"迷惘的一代"，其名即来自于斯泰因），等等。

公墓雕像

　　除了这些骚人墨客、艺术界名流，也有梯也尔之流的人物及王公贵族。此外，还有著名的法国资产阶级革命活动家丹东（1759～1794 年），《国际歌》歌词作者、巴黎公社委员、诗人欧仁·鲍狄埃，法国共产党领导人加香（1869～1958 年）、多列士（1900～1964 年）、杜克洛（1896～1975 年）以及抵抗运动中的烈士。

　　梯也尔的墓在对着公墓大门的高坡上，居于拉雪兹公墓的中心位置。与这个在法国 19 世纪的政治舞台上曾显赫到极点的人物相称，这座墓建得特别巍峨高大，气派十足。它是一幢罗马式的殿堂，高达十几米，正面有巨大的圆形石柱，黑色的雕花大门紧闭，门前还有铁栏杆围护，气象森严。不过，这并不能挡住游人的愤怒与唾弃。这个法兰西第三帝国首任总统、双手沾满了巴黎公社社员鲜血的刽子手的阴宅大门上，赫然写着这样几个字："公社万岁！"

公墓雕像

鲍狄埃的墓碑底座是一整块长方形花岗石，正面镌刻着"欧仁·鲍狄埃1816～1887"的字样。底座上斜放着一册用白色大理石雕成的打开的书，左页铭文为："献给歌手/欧仁·鲍狄埃/巴黎公社社员/1816～1871～1887/他的朋友和景仰者们敬献/1905"；右页铭文为："起义者/让·米泽尔/蛛网/面包的话/地球之死/国际歌"，这是鲍狄埃所作诗歌的题目。整座墓没有任何华丽的装饰，朴实无华中透出革命者的刚毅。

拉雪兹公墓东北角有一处建筑，虽非墓碑，却吸引了众多的人来此凭吊，这就是无产阶级英勇斗争的一个举世闻名的遗址——"公社战士墙"。1871年5月20日，梯也尔纠集凡尔赛反动军队向巴黎公社发起总进攻，28日开始包围巴黎公社保卫者的最后据点——拉雪兹公墓。公社战士同反动军队浴血搏杀，终因众寡悬殊，最后一批公社战士被逼到墓园东北角的夏洛纳墙下，仅存的147名战士在"公社万岁"的高呼声中，全部殉难。5月20日～28日，在历史上遂被称为"5月流血

周"，这面长近 20 米的围墙从此被称为"公社战士墙"。1908 年 5 月 21 日，来自法国各地的革命群众，在这面赭色方石砌成、上盖瓦顶的墙上镶嵌了一块白色大理石碑，上面用法文镌刻着金色的大字"献给公社的死难者，1871 年 5 月 21 日至 28 日"。这块纪念碑从此成了公社战士墙的标志。

但是，在与拉雪兹公墓相邻的甘必大林荫道街心花园里，在 1909 年却出现了一堵造型类似影壁、上面刻有浮雕的矮砖墙。画面是在被行刑队的枪弹打得千疮百孔的墙面上，隐现着人物群像的浮雕，中间是一位中弹后仰，展开双臂、呈保护者姿态的妇女全身像。群像浮雕下面，还刻有法国文豪雨果的一句话"我们要求并希望，将来人们不是进行复仇，而是实现正义"。这幅砖墙浮雕是保尔·莫罗—沃蒂那的作品，被认为是作者利用公社战士英勇就义的壮烈场面，来宣扬全民"和解"、放弃革命的偷梁换柱之作，所以在揭幕之后，当即被幸存的公社社员指斥为对公社事业的侮辱，不予承认。后人有不明真相者，以讹传讹，把这座浮雕当成了公社战士墙。

在墓园的西南角，埋葬着一部分公社烈士。每年 5 月的最后一周，法国劳动者都要来到公墓凭吊，缅怀先烈。而耐人寻味的是，公社战士墙和附近的区域（这里安葬的都是法国共产主义运动中的著名人物）的来访者比其他地区的更多，不仅有法国人，还有来自德国、日本和美国等发达资本主义国家的游客。

茶花女墓（法国）

　　一个多世纪以来，茶花女玛格丽特的悲惨命运一直感动着众多的读者和观众。这位善良可爱却又不幸的女子是法国作家小仲马（1824～1895年）的传世名作《茶花女》中的女主人公。读过这部在当时大胆得出奇的小说的人们，或许还记得书中茶花女的墓地——那个覆满了白茶花的小方场。书中写它在蒙马特尔公墓。实际上，位于法国巴黎北部克利希广场附近的蒙马特尔公墓里面确实有一座茶花女墓，墓的主人是当时巴黎的一位名妓，生前曾是小仲马的情人，死后成了小仲马笔下的玛格丽特的原型。

　　这个不自知的"模特儿"原名阿尔芳新·普莱西，出生在法国北部的奥尔纳省。幼年时跟随母亲离家出走到日内瓦。母亲在一个贵妇人家当佣人，不久就去世了。飘零无依的14岁的阿尔芳新来到巴黎，靠卖花为生，后来委身为一个显赫人物的情妇，改名玛丽·杜普莱西，从此她在风月场中一直使用这个假名，因为她喜欢戴茶花，所以被人们称为茶花女。

　　年轻的小仲马像书中的阿尔芒一样偶然地走进了茶花女的生活。1844年9月的一个晚上，小仲马在剧院与茶花女邂逅。这个亭亭玉立的年轻女郎容貌娇媚，服饰高雅，出类拔萃，小仲马对她一见倾心，怀着痛苦的热情迷上了她。他认为茶花女是"一位难能可贵的有良心的风月女子"，他爱她，并且照料她，因为她得了肺病，已经生命垂危。

茶花女墓

　　小仲马试图把茶花女从堕落的生活中拯救出来，但他的财力显然使他力不从心，为了应付环境，玛丽的生活排场不得不阔绰豪华，自己也不免染上了挥霍的习气。她每年开销 10 万法郎。小仲马为了买礼物，同她旅行以及各种零星花费，已经负了 5 万法郎的债。他只得承认自己的失败，于 1845 年给她写了一封信，要求互相忘情。这封绝交信写得非常动人，其中写道："我不够富，不能像我希望的那样爱你。让我们彼此忘却——你是忘却一个对你说来相当冷酷的姓名，我是忘却一种我供养不起的幸福。你那样聪慧，不会不宽恕我。"

　　显然，在矛盾和痛苦中挣扎的小仲马高估了茶花女的承受力。她以为自己可以依靠从小仲马那里得到的真正的爱情，来摆脱这种空虚堕落的生活，然而这封信却告诉她，她的依靠是流沙，她依然独自生活在深渊里。茶花女无限哀怨，于 1847 年病逝，年仅 23 岁。然而，她却使那位怀着仰慕和同情，毫无希望但始终如一地爱她的人万世流芳。

玛丽·杜普莱西死后，小仲马这个青年花花公子洗心革面，安坐下来认真工作，付清了全部债务，并且因《茶花女》一举成名。

茶花女的墓朴素而雅致，呈正方形，花岗岩底座，白色的大理石碑。石碑正面雕刻着瓣瓣下垂的花朵图案，由茶花女姓名第一个字母"A·P·"的花体字交织而成。碑两侧镌刻着同样的碑文"阿尔芳新·普莱西于此长眠。生于1824年1月15日，卒于1847年2月3日。安息吧"。碑前方悬挂着一方磁制的靠垫，周围饰以黄釉绦带，中间淡紫色的垫心上面，斜放着一束浅粉色的茶花。花束之下是一张折角的白色信纸，上书一"怨"字。显然为她设计坟墓的人是懂得她的，懂得她的善良与她的不幸。

也许是《茶花女》的成功与声名远播，怀着或好奇或敬佩或同情或更为复杂的心情的人们络绎不绝地来拜访这座清雅的茶花女墓。他们大都知道并尊重茶花女生前的喜好，为她献上美丽的红茶花、白茶花。由于几乎每天都有献花的人，茶花女墓便终日芬芳馥郁，鲜艳醒目，就像书中所描写的，那是"一个放满鲜花的小方场，如果不是一块刻了名字的白大理石说明这是一座墓，谁也不会把它看成是墓的"。

林肯墓园（美国）

　　斯普林菲尔德是美国伊利诺州的首府，不仅是州政府所在地，而且是美国重要的铁路和公路交通枢纽、农畜产品集散中心，工业也十分发达。不过使它闻名遐迩的并非这些，而是美国第十六届总统林肯。林肯在债台高筑、一贫如洗之后移居到这里，作为律师谋生发展，娶妻生子，直至他当选为总统离开。正是这位因解放黑奴而名垂青史的总统使斯普林菲尔德这座名不出众（美国共有9个城市和地区叫这个名字）的城市变得卓尔不群。各处与林肯有关的建筑是这里最受欢迎的名胜，每年都吸引成千上万的游人来此参观拜谒，其中就包括林肯墓园（Lincol's Tomb）。

　　林肯墓园位于斯普林菲尔德城郊的橡树岭公墓，他是在被刺杀后运回此地安葬的。每年的4月14日——林肯的遇难日，都有不少美国人来到墓地敬献鲜花，以表示悼念。林肯因何遭人暗害，又为何会受到那么多人的尊敬与爱戴呢？

　　亚伯拉罕·林肯（1809～1865年）是在1860年——美国南北战争爆发前夕当选为总统的。这位在拓荒生涯中成长起来的总统始终没有改变他俭朴的乡土气。他高1.93米，约重82千克，微微佝偻，脸上皮肤粗糙而有疤痕，头发不整，戴着破旧的高顶礼帽，穿着不合身的大礼服及未擦拭的黑皮鞋。他受的教育很少，基本上靠自学，文化程度并不算高。他缺乏行政和外交技巧，但他机智幽默、正直睿智，具有某种天生

林肯墓内

的威严感。他一生倡导这样的原则：公正、自由、博爱、统一和仁慈。这些使他不仅成为一个成功的政治家，而且成为一位伟大的总统——尽管在执政期间毁誉参半。

　　林肯从 1834 年当选为伊利诺州众议院议员开始正式投身政界，几经沉浮，并由辉格党党员转变为共和党党员。共和党是北方反蓄奴派联合组成的新党。林肯曾在一封信中说："我生来就是反对奴隶制的。"1858 年，在竞选伊利诺州参议员时，林肯提出著名的宣言："'内部相争的家庭无法维持下法'，我认为政府不能长久容忍半是奴役、半是自由。"并与他的竞争对手——民主党人史蒂芬·道格拉斯就奴隶制问题在伊利诺州 7 个地区展开 7 次辩论。尽管当时现任的参议员道格拉斯险胜林肯而获连任，但主张限制奴隶制发展的林肯却因此声望大振，在 1860 年 11 月当选为总统。但在种植园主控制的南方 15 个州中的 10 个州，他没得到 1 张选票。

1861 年 2 月 11 日，林肯乘坐火车离开斯普林菲尔德赴任，比起 1837 年他初来此地时的窘况——骑着一匹借来的马，所有的家当都系在马鞍上——不啻是天壤之别，然而林肯却在火车车尾的平台上宣布，他所面临的是"比华盛顿总统所负者更艰巨的任务。"当时南方的种植园主制造分裂，发动叛乱，已经有 7 个州已宣布脱离联邦，南方代表在阿拉巴马州集会另立新政府，杰斐逊·戴维斯已就职担任南方联邦总统。另外的 4 个州摇摆于分离边缘，而地处南北边境的 3 个州的分离情绪正在高涨，联邦面临解体的危险。4 月 12 日，南北战争爆发。战争初期，出于维护联邦统一的目的，强烈反对蓄奴制的林肯试图迁就南方，不去触动南方实行的奴隶制，而是用赎买方式解放奴隶，并且"逐步解放"。然而战争形势的发展越来越不利于北方，"出于军事需要"，"思想斗争了将近一年半时间"的林肯终于在 1863 年 1 月 1 日正式发布《解放奴隶宣言》。根据此宣言，获得解放的黑人共 400 万，其中 12％ 的强壮黑人投入了对南方叛乱分子的斗争。持续了 4 年的南北战争终于以北方的胜利而告终。林肯也在 1864 年 11 月的大选中获胜，连任总统。正当林肯在重重压力下进行重建南部各州政权，努力恢复和发展经济时，一颗罪恶的子弹射中了他的后脑。那是 1865 年 4 月 14 日（星期五）的晚上，林肯同夫人正在华盛顿的福特戏院观赏《我们美国的表兄弟》时，被南部同盟收买的演员布思闯入总统包厢，瞄准林肯的后脑扣动了扳机。林肯中弹后一直昏迷不醒，直到 4 月 15 日下午 7 点 22 分与世长辞。他的遗体停放在国会山供悲愤的人民瞻仰后，用专车运往斯普林菲尔德橡树岭公墓安葬。

林肯墓园于 1874 年竣工，由拉尔金·G·米德设计，周围是当地居民的墓地。林肯的墓穴在花岗岩下面，四壁刻有包括葛底斯堡演说在内的林肯书简和文告。墓穴正中是林肯的棺椁，上面写着："如今他属于上苍。"墓穴前面的石壁上，刻着林肯家属的姓名及生卒年月。林肯的妻子

玛丽以及他们夭折的 3 个儿子也葬在林肯墓园中（长子罗伯特葬于阿灵顿国家公墓）。

墓园内耸立着一座高达 30 米的花岗岩方尖塔，这是斯普林菲尔德最大的纪念碑。塔的四周有美国各州的州名。塔的四角装饰着四组青铜雕像，分别代表步兵、炮兵、骑兵和海军，这四组雕像象征着南北战争时殉难的北方士兵。林肯的大铜像屹立在墓前，这也是由拉尔金·G·米德设计的。入口处有一座由古岑·博格勒姆设计制作的林肯头部雕像。墓内还有一座小雕像，它是华盛顿林肯纪念堂中由丹尼尔·C·弗伦奇制作的林肯沉思坐像的小型复制品，原作高达 19.58 米。

林肯墓园内，绿荫如盖，芳草如茵，把林肯墓这座简单的建筑衬托得十分庄严肃穆。1930～1931 年，墓地重新整修。

林肯作为一个资产阶级革命家，领导美国人民废除了万恶的奴隶制，并使一个濒临决裂的国家重新统一，从而开创了美国日益繁荣并从此变成工业巨人的道路。所以，毫不奇怪，凡是与他有关的纪念场所都是那样熠熠生辉，那样引人注目，因为它们所联系的是那样一个光辉而伟大的名字。

阿灵顿国家公墓（美国）

阿灵顿国家公墓（Arlington National Cemetery）坐落于美国弗吉尼亚州阿灵顿郡。它是阿灵顿这个美国第四小郡境内为数不多的大型建筑之一。

阿灵顿国家公墓建于 1864 年，由陆军部管理，并规定只有美国荣誉奖章获得者、为国殉职的现役军人、长期服役的退伍老兵、在联邦政府担任过高级职务的退伍老兵以及他们的遗孤，才有资格在此安葬。所以，能够在阿灵顿国家公墓得到一处长眠之所是每一个美国人的荣耀。

这座公墓一度是曾担任南北战争时期南方同盟军总司令罗伯特·李的岳父的产业。罗伯特·李的岳父帕克·柯蒂斯——美国的一位剧作家，是被尊为美国开国之父乔治·华盛顿的养孙。1931 年李将军与玛丽·柯蒂斯结婚后，帕克的这座庄园被李将军继承下来，从此改称柯蒂斯·李庄园。1861 年 4 月内战开始后，联邦军队进驻阿灵顿，把这座庄园没收，改为陆军司令部，并在庄园内建立兵营。1864 年陆军部长颁布命令，将属于庄园的土地征用，作为军人公墓；同年 5 月 13 日，第一名士兵的葬礼在这里举行。阿灵顿公墓从此诞生。

阿灵顿国家公墓规模庞大，占地达 170 公顷。陵园呈半圆形，周围树木葱郁，园内芳草如茵，墓地绵延起伏，洁白的墓碑鳞次栉比，宛如逝者的庞大军阵，声威浩荡，蔚为壮观。

公墓中央的山丘上，有一处占地 1.2 公顷的大宅，这就是柯蒂斯·

阿灵顿国家公墓

李宅邸，也称"阿灵顿之屋"。在屋中凭窗而立，可俯瞰整个公墓以及波多马克河。这座仿照雅典昔修斯神庙建筑的殿堂，是美国最出色的希腊文艺复兴式建筑之一。这是一座带有 8 根白色多利克圆柱门廊和延伸 42.67 米的两翼厢房的建筑，由英国建筑师乔治·哈德菲尔德设计，于 1802 年破土动工。1817 年厢房完工，门廊部分则于 1824 年开始增建。1955 年，有关单位将长期改作它用的宅邸修缮装潢，恢复到内战前的风貌，并辟为国家纪念中心。现在由国家公园服务处管辖，供民众参观。

据统计，到 1981 年 5 月，阿灵顿公墓内安葬的死者已超过 18 万。其中著名人士有第一次世界大战时美军总司令约翰·潘兴将军（1860～1958 年），美国前国务卿、曾任驻中国国民党政府特使的乔治·马歇尔将军（1880～1959 年）。还有 3 位海军上将，一位是威廉·哈尔西（1882～1959 年），他是美国海军舰队司令，在第二次世界大战中多次

打败日本舰队，日本的投降书就是在他的旗舰上签署的；一位是罗伯特·佛里（1856～1920年），于1909年4月6日发现并到达了北极；一位是理查德·伯特（1888～1957年），是第一个飞越过南北极的人，曾率领5个探险队到南极探勘。还有政治领袖：威廉·布赖恩（1860～1925年）、约翰·杜勒斯（1888～1959年）。前者是美国的政治和经济领袖，曾3次竞选总统失败，但他合理的政治改革方案都被采纳并已制成法律；后者是美国外交家和政府官员，1953年1月开始在艾森豪威尔总统内阁任国务卿。还有两位总统：对外实行"金元外交"的美国第27届总统威廉·霍华德·塔夫脱（1857～1930年），以及美国历史上最年轻的总统约翰·肯尼迪（1917～1963年）。

杰出人物之外，大部分墓碑下是在美国历次战争中牺牲的官兵。公墓内还有一座死于第一、第二次世界大战和丑恶的朝鲜战争中的无名战士墓，墓地上有一座白色大理石纪念碑，这里雇有哨兵全天候看管。

除此之外，公墓内还有一些军事纪念碑，包括位于无名战士墓后的圆形剧场纪念碑、南北战争同盟纪念碑，以及1898年在哈瓦那港沉没的缅因号战舰上的桅杆。

这座公墓气氛庄严肃穆，环境静谧清幽。公墓内所有的墓碑都用白色大理石雕刻而成，而且每一座墓碑前都有一面小国旗肃立，使人觉得，一部美国断代史正以一种突出而又静默的姿态向你诉说，并清清楚楚地提醒你，不要遗忘这里所有的死亡所蕴含的勇气与酷虐、献身与陪葬、荣耀与阴暗以及正义与罪愆。